国家出版基金项目
教育部人文社科重大委托项目
世界女子高等教育及大学女校长研究

世界大学女校长◆女子大学丛书

国家出版基金项目
NATIONAL PUBLICATION FOUNDATION

世界大学女校长◆女子大学丛书
Series on World Women University Presidents & Women's Universities

Gülsün Sağlamer
居尔松·萨拉莫
伊斯坦布尔科技大学校长

徐滋 著

中国传媒大学出版社
Communication University of China Press

总 序

百年大计，教育为本。世界各国的经验表明，强国梦必须有科教梦做支撑。科教兴国，是中国的基本国策，是从教育大国到教育强国、从人口大国到人力资源强国的必由之路。高等教育处于教育体系的顶端，是联结科技与教育的重要桥梁。衡量一个国家科技和教育水平的高低，在很大程度上要看这个国家高等教育的水平。

回顾大学的发展历史，我们不难发现，一所大学办学质量的高低，往往取决于校长的水平。世界著名大学发展的每个重要阶段，都铭刻着大学校长的办学理念和思想，正如艾略特之于哈佛大学，蔡元培之于北京大学，梅贻琦之于清华大学。研究大学校长的办学理念和思想，是管窥一所大学兴衰成败的途径，而专门研究大学女校长，则独辟蹊径，别开生面。

中国现代教育史上，大学校长虽以男性居多，然而成就卓著的女校长也不乏其人。她们推动了大学的变革，丰富了大学的精神内涵，如金陵女子大学老校长吴贻芳，复旦大学前校长谢希德，东南大学前校长韦钰，同济大学前校长吴启迪，等等。女校长人数虽然屈指可数，但其业绩丝毫不逊于男性同行。大学女校长为高等教育的发展注入了活力，做出了贡献。大学女校长的治校理念、办学风格乃至传奇的职业生涯，确实值得深入研究和细致品味。

女子大学是高等院校序列中的一种特有形式，为世界高等教育的发展做出了重要贡献。著名的女子大学，如韦尔斯利学院、史密斯学院、淑明女子大学、日本女子大学、御茶之水女子大学，以及中国历史上的金陵女子大学、北京女子师范大学、华南女子大学等，都写下了光辉的篇章，是世界高等教育的重要组成部分。研究世界各国女子大学，总结提炼女子高等教育的办学经验和人才培养模式，探索现代女性接受高等教育的多样化形式，对于寻求符合女性特质的教育理念和教育方法，应该说是一种有益的尝试。

由中国传媒大学承担的教育部重大委托项目——“完善中国现代大学制度视域中世界女子高等教育及大学女校长群体研究”课题，对以上两个领域进行了系统深入的研究。“世界大学女校长·女子大学”丛书，就是这一课题的主要成果。这套丛书分为四个系列：女子高等教育系列，考察全球女子高等教育的发展轨迹，呈现其办学传统和教育特色；中外大学女校长个案研究系列，以人物传记的形式深度追踪大学女校长的人生经历，剖析她们的成长历程、心智历练、办学理念和治校方略；女校长群体研究系列，群像式描绘某一国家或地区的大学女校长群体，彰显女校长个性的同时，探寻她们的共性；“世界大学女校长论坛”图文集锦系列，汇集展示了大学女校长在历届论坛上的真知灼见和绚丽风采。四个系列，四十余本，蔚为大观。

“世界大学女校长·女子大学”丛书，也是“世界大学女校长论坛”历时十三年深入研究高等教育及女性培养结出的硕果，是深化论坛主旨、促进女性事业和教育事业发展的学术行动。丛书的写作，依托“论坛”这一平台，深度访谈和研究了参加历届论坛的大学女校长，系统整理了多年积累的学术成果，可以说，“论坛”既是女校长们交流合作的舞台，也是本套丛书得以出版的重要基础。

自1995年北京第四届世界妇女大会召开以来，世界妇女运动取得了长足的进展，性别平等的高端主题——女性领导力，也已经是全球关注的议题，与女性学相关的课程在中国高校已经四处开花。今天，有识之士都深刻认识到，女性在社会各个领域的创造力和领导力，是推动社会全面发展的动力之一，也是人类文明进步的重要标尺。“世界大学女校长·女子大学”丛书，对于提升女性领导力，具有重要的参考价值，对于知识女性的成长具有积极的引导意义。

大学女校长是高等教育、女性、领导力的集结点，是知识女性的杰出代表，是自尊、自信、自立、自强的典型，她们不但为高等教育的发展做出了应有的贡献，更以自己坚韧顽强、宽厚包容、无私奉献的品质与情怀，阐释了女性领导力的独特内涵。对于广大女性来说，她们是教育典范和女性楷模，具有榜样的力量和示范的价值，定能引领青年女性沿着正确的道路勇敢前行。

女性的发展，既需要社会各方面的支持，更需要女性自身具备积极进取的意志和宽广博大的胸怀。希望丛书的研究成果能产生广泛和深远的影响，为女性高等教育提供宝贵借鉴，为精英女性的成长与成功给予智力支持；促进全社会更加重视女性平等的教育接受权和职业发展权；激励正在为打破“玻璃天花板”而奋斗的新一代女性，为女性领导力的培育与提高奠定坚实基础。

是为序。

2014年7月

前言

我在中国传媒大学工作近五十年，其中有三十多年在学校领导岗位上任职。这些经历让我有更多的机会体悟、思考女性接受高等教育的重要、女性走向领导岗位的不易。

早在1996年，我即萌生组织世界各国为数不多的大学女校长进行交流合作的想法，但当时忙于学校的学科建设和转型，这一想法被搁置下来。直到2001年，在诸多同事的帮助下，我才将这一构想变成现实，召开了大学女校长“新世纪高等教育发展战略国际论坛”。此后论坛每隔两至三年举办一次。2006年，论坛挂靠中国教育国际交流协会,组建了世界大学女校长论坛组委会，负责论坛的筹划、组织工作；2009年，在江苏有关部门的关心和支持下，成立了江苏中外大学女校长教育发展基金会，为论坛筹集资金。迄今，世界大学女校长论坛已在中国北京、南京、厦门举办五届，并在新西兰、日本、美国、土耳其、津巴布韦和墨西哥等地召开六次分论坛，吸引了79个国家的800余人次大学女校长。

十年来，在与各国大学女校长的交流互动中，我深刻地感受到，女性在高等教育领域作为决策者和领军者可谓凤毛麟角,其人生历练和办学实践值得浓墨重书。翻阅每位女校长的简历、细读她们给论坛提交的论文，总能激起我发自内心的共鸣，赞佩她们的治校理念、管理智慧和人格魅力。每一位女校长都拥有鲜为人知的心路历程、卓尔不凡的领导能力与永载史册的辉煌业绩。

我的一位好友、著名女性传记作家赵凤翔教授曾说："女人要写女人。"这给了我很大启发——女校长要研究女校长。追溯大学女校长成长、成才、成功的道路，总结女性领导力的形成规律和独特优势，开展大学女校长及女性领导力研究，出版相关研究成果，就成为"世界大学女校长论坛"活动的自然延伸。

2010年，我们筹划设立了"完善中国现代大学制度视域中世界女子高等教育及大学女校长研究"课题，组织来自中国传媒大学等单位80余人的研究团队，选定34个国家80余位大学女校长，进行个案研究和群像描绘；对23个国家的女子大学进行历史梳理与全面考察。2011年，这一课题获得教育部人文社科重大委托项目立项；2013年，由该课题主要研究成果结集而成的"世界大学女校长·女子大学"丛书，获得国家出版基金资助。

这套丛书由四个系列组成，具有三个鲜明特点。四个系列：女子高等教育系列、中外大学女校长个案研究系列、女校长群体研究系列和"世界大学女校长论坛"图文集锦系列。三个特点：一是全景式描述。丛书对世界范围内大学女校长及女子高等教育，首次进行比较全面的观照和挖掘。女校长研究既有共性的揭示与比较，又有个性的剖析与呈现；女子高等教育研究既有全球视野的巡礼，又有具体国别的探究。二是人物传记式的写作方法。丛书以访谈当事人、发掘第一手资料为基础，研究和写作的过程力求再现传主的人生轨迹、突出其办学理念和治校业绩。三是可读性强。传主的真知和作者的匠心历历可见，读者能够在图文并茂中感受到智慧和灵感的融会。

这套丛书是对女性通过教育追求真善美、通过自身努力彰显智仁勇的真实颂扬。著名女作家冰心曾说：这个世界如果没有女人，就会失去十分之五的真、十分之六的善、十分之七的美。女性不仅是真善美的化身，也应是智仁勇的写照。阅读这套丛书，我们可以了解到，女性如何通过交流互鉴，凝聚智慧、取得共识；体认困境，直面现实、自立自强；付诸行动，同心同力、坚持不懈。

这套丛书是对“女性是改造世界的温柔力量”的生动诠释。置身于男性居主导地位的社会管理体系中，女性要取得成功，需要充分展现女性特质，发挥女性优势，要以女性特有的视角观察、思考、解决问题。阅读这套丛书，我们可以看到女校长们如何在战略决策上，高瞻远瞩，运筹帷幄，引领未来；在具体工作中，体贴入微、心系师生，用愿景激励师生，用行动示范师生，用厚德包容之心协理校务；在领导风格上，追求完美和精致，重视以人为本，在管理中实现个人的发展与事业发展的契合。

这套丛书是对高等教育及大学女校长社会价值的全面展示。众所周知，高等教育是形塑社会结构及价值体系的重要载体，大学校长是具有社会象征、示范和引导意义的特殊群体。女性接受高等教育、女性担任大学校长，在改变高等教育生态的同时，也在潜移默化地影响着社会结构变迁、家庭角色分工、社会责任担当、时代价值导向。阅读这套丛书，我们可以看到女子高等教育和大学女校长的发展历程，正是社会不断进步、两性趋于平等的见证，而她们成长的艰辛和不易，也呼吁现代社会迈向更加平等、公正、和谐的完善之路。

丛书已然油墨飘香，感激的话语也充溢心头。感谢江苏中外大学女校长教育发展基金会为项目提供启动经费，感谢教育部将此课题列为人文社科重大委托项目，感谢国家新闻出版广电总局提供国家出版基金资助。特别感谢十一届全国人大常委会副委员长、第十届全国妇联主席陈至立女士担任项目和丛书的总顾问，并欣然作序。

感谢这套丛书的传主、作者和编审们。他们在繁忙的本职工作之余见缝插针，千方百计，保证了任务圆满完成。传主们倾力支持、积极配合；作者们夜以继日，数易其稿；编审们孜孜不倦，精益求精。这种认真负责的精神，令人感叹。课题跨越四载，屡遭挫折，历尽艰辛，常常使我们困扰于“山重水复疑无路”，而殚精竭虑之后的新意迭出，又使我们惊喜于“柳暗花明又一村”。我相信，不久的将来，作者之中定会有著名的传记作家、女性研究专家脱颖而出。

感谢中国传媒大学文科科研处、出版社，为项目的完成和丛书的出版提供了有力保障。丛书煌煌五十本，从策划、组织、申报、撰写到编辑、装帧，学校教师及出版社职工都是主力军，都是可靠、堪用、高效的突击队。如今项目和丛书按期完成、保质保量出版，我要向他们衷心致谢！

任何一项事业，都是“一人启其端，百人扬其华”。我只是一个组织者、牵线者，项目得以完结、丛书得以问世，应归功于各位热心的支持者、参与者。让每一位年轻的女性都能自由地筑梦、勇敢地追梦、幸福地圆梦，是我最乐意为之奔忙的事业。我们期待，有更多的有识之士能参与到这一有意义的工作中来。

刘继南

2014年7月于北京

居尔松·萨拉莫(1945—　)

教授,博士生导师,曾任伊斯坦布尔科技大学校长。1945年出生,1973年获得伊斯坦布尔科技大学博士学位,1975年进入英国剑桥大学马丁中心建筑系攻读博士学位,1996—2004年担任伊斯坦布尔科技大学校长,2006年被美国建筑研究院授予荣誉院士称号,2005—2010年担任国际大学校长协会欧洲首席顾问,2008—2012年欧洲大学女校长会议首倡者,创立欧洲大学女校长论坛并担任主席。

Doctoral supervisor, former president of Istanbul Technical University. Professor Gülsün Sağlamer born in 1945 got her doctoral degree in Istanbul University in 1973. She enrolled in the Department of Architecture of Martin Center in University of Cambridge and got PhD in 1975. She served as president of the Istanbul Technical University from 1996 to 2004. She was awarded the honorary title by the American Academy of Building Research in 2006. Professor Gülsün Sağlamer acted as European Principal Consultant in International Association of University Presidents from 2005 to 2010. She was the initiator of European University Headmistress Meeting from 2008 to 2012 and set up the European University Headmistress Forum, and served as chairman.

序　章

在欧亚大陆之间，有一片被古希腊人称作“小亚细亚”的广袤而富饶的土地。她被湛蓝的大海环抱着，就如同母亲臂弯中的婴儿得到了悉心的呵护与倾情的眷顾。虽然，这片土地穿过了五千年的刀戈杀伐和勃兴忽亡，但她依然如少女般青春永驻。赫梯、波斯、拜占庭……她拥有过太多永留青史的名字，因为太多的民族曾经在此驻留、繁衍、强盛乃至隐逸。当历史走到公元11世纪的时候，一个民族陡然征服了她，并将民族的名字永远赐予了她，从此这片美丽土地的新名字叫作——土耳其。

现在的土耳其早已告别了“普天之下，莫非王土，率土之滨，莫非王臣。大夫不均，我从事独贤”的封建集权的帝国，迈进了经济上生机勃勃、政治上三权分立的共和国时代。

土耳其共和国国土包括西亚的安纳托利亚半岛以及巴尔干半岛的东色雷斯地区，是一个横跨欧亚两洲的国家。这片大陆西起巴尔干，东至高加索，全长近2000公里。北临黑海，南达地中海，东南与叙利亚和伊拉克接壤，西抵爱琴海，并与希腊及保加利亚毗邻，东部与格鲁吉亚、亚美尼亚、阿塞拜疆和伊朗搭界。土耳其大陆长达8000公里的海岸线点缀着几十处爱琴海和地中海隽秀迷人的海滩和峡湾。在安纳托利亚半岛和东色雷斯地区之间还存在着著名的欧洲兵家必争之地——博斯普鲁斯海峡、马尔马拉内海和达达尼尔海峡。在内陆，巍峨的阿勒山高耸入云，山顶终年积雪覆盖，景色蔚为壮美，是仅次于阿尔卑斯山的欧洲滑雪胜地。此外，土耳其还是一个河流湖泊众多的国度，孕育了古巴比伦文明的底格里斯河和幼发拉底河均发源于此。

土耳其胜景

这里地形复杂，气候也多种多样。东南部较干旱，中部安纳托利亚高原比较凉爽，黑海被薄雾笼罩，地中海和爱琴海地区冬季温和，而多山的东部地区积雪期长达数月，异常严寒。一般来说，土耳其的夏季长，气温高，降雨少；冬季寒冷，寒流带来了降雪和冷雨。果园、麦田和水库储有充沛的雨水，葡萄园和海滩有充足的日照。从沿海平原到内陆丘陵，从千里雪松到无垠草原，土耳其堪称是世界物种资源最丰富的地区之一。

土耳其是地中海文明碰撞下的绚烂火花，这里有人类千年文明的遗迹，有蔚蓝洁净的海滩，有明媚艳丽的阳光，这里还曾经是“丝绸之路”的终点。土耳其拥有兼具东西方风格的建筑，华丽肃穆的清真寺宣礼塔，飞跃于博斯普鲁斯海峡之上的跨海大桥，《荷马史诗》中的特洛伊城遗址，如同火星的卡帕多其亚以及秀美的亚洛瓦温泉等等……不胜枚举的自然风光、丰富的文物古迹使土耳其享有“旅游天堂”的美誉。总之，土耳其是一方四季皆宜、风情万种的土地。

土耳其小城街角一景

风情万种的土地往往会孕育气度万象的民族——土耳其这片土地一直是不同种族和文化的大熔炉。早在公元前20世纪土耳其所在的故土就被印欧赫梯人占领，他们随后建立了一个军事强国，直到公元前13世纪左右才被异族灭亡。之后，吕底亚人侵入安纳托利亚，但其东部则由亚美尼亚王国统治。公元前6世纪，波斯帝国占领了这个地区，随后又经历了马其顿—希腊人的统治，最后于公元前1世纪归于希腊化的罗马人——拜占庭人统治。拜占庭人统治时，君士坦丁大帝把君士坦丁堡（今伊斯坦布尔）定为首都。

从公元11世纪起，塞尔柱土耳其人从东部山区浩浩荡荡地迁移到此，他们带来了东方游牧民族的习俗和传统，对原本以希腊人和亚美尼亚人为主的人种构成产生了决定性的影响。他们的祖先在中国古代文献中被称为丁零、高车、铁勒、突厥等。自公元6世纪起，突厥人开始向中亚和西亚移动，并形成了很多新的部族。在11世纪，他们中的一部分人终于在西亚的安纳托利亚站稳脚跟，在东南部创建了“塞尔柱土耳其苏丹国”。此后，由塞尔柱土耳其人衍生出的奥斯曼部落首领奥斯曼一世建立了奥斯曼土耳其。奥斯曼人在其扩张的最初阶段担当了维护伊斯兰信仰、反对拜占庭帝国和基督教教皇国的使命，成为终结十字军东征的最重要的力量。13至14世纪，奥斯曼人夺取了西安纳托利亚和东南欧的拜占庭领土，使这些巴尔干基督教国家成为他们的封臣，同时征服了东安纳托利亚的土库曼公国。15世纪，奥斯曼苏丹强行对巴尔干国家实行直接统治，并征服了君士坦丁堡，将东起幼发拉底河西抵匈牙利的领土都划入其统治范围之内。16世纪末，奥斯曼帝国处于鼎盛时期，其版图包括大多数巴尔干国家、中欧的匈牙利和中东及北非的大部分地区。19世纪，奥斯曼帝国丧失了对北非和大多数巴尔干国家的控制，现代的土耳其共和国逐渐形成和定型。与此同时，现代的土耳其文化也在血与火的交融中，在传承和激荡中形成了东西合璧的独特面貌。

经历了几个世纪的动荡，在第一次世界大战后，一个现代的土耳其破茧而出。穆斯塔法·凯末尔·阿塔图尔克是土耳其近现代最杰出和伟大的军事家和政治家，土耳其共和国第一任总统，被誉为现代土耳其的肇建者。正是在他的领导之下，土耳其挥别了半封建半殖民地的尴尬过去，逐步成为了穆斯林世界现代民主和平国家的典范。

穆斯塔法·凯末尔·阿塔图尔克于1881年3月12日出生于奥斯曼帝国的萨罗尼卡。1887年先后就读于法特玛太太区立小学和沙姆西先生小学。1893年转入萨洛尼卡幼年学校，学习成绩优异。因与一位老师同名，被该老师命名为凯末尔·穆斯塔法。1895年升入玛纳斯提军事预备学校。1899年进入伊斯坦布尔军官学校，1902年进入哈拜参谋学院。1905年毕业，授上尉军衔。凯末尔因参与政治活动被逮捕，后被当时的奥斯曼土耳其苏丹放逐到大马士革第五军营服役。1911年，凯末尔因批评当局而被调离伊斯坦布尔，不久参加了土耳其与意大利在的黎波里塔尼亚（今利比亚）进行的战争，晋升为少校。1912年10月至1913年5月，调任奥斯曼帝国驻保加利亚大使馆武官，晋升为中校。1914年第一次世界大战爆发以后，被任命为新编第十九师师长。1915年晋升为上校。1916年8月，因保卫奥斯曼帝国首都伊斯坦布尔，获得“伊斯坦布尔的救星”和“帕夏”（勇士或将军）的称号，名扬全国和欧洲。后被任命为第二军团司令，晋升为将军。

然而，凯末尔的军事天才并不能挽救奥斯曼帝国战败投降的命运。1918年10月底，奥斯曼帝国被迫签订丧权辱国的停战协定，昔日的属地被协约国瓜分得干干净净。老谋深算的英国还鼓动奥斯曼帝国的周边国家，妄图将它肢解分裂。国难当头，凯末尔挺身而出，“不独立，毋宁死！”他着手把全国各地分散的爱国组织统一起来，并向战友们发出呐喊：“祖国的领土完整和民族独立正处在危机中！”他号召战友们：“只有民族的意志和毅力才能拯救民族的独立。”不久，凯末尔毅然辞去军职，全身心地投入到拯救祖国的斗争中。在他的推动下，议会在1920年1月通过了庄严的土耳其独立宣言《国民公约》，宣布土耳其享有完全的独立、自由和领土完整，废除治外法权。这一文献，被称为“新土耳其的独立宣言”。

但是，协约国很快正式占领了伊斯坦布尔，驱散议会。妥协的苏丹政府决定解散议会，逮捕凯末尔党人。凯末尔抓住时机，于1920年4月23日在安卡拉发起召开大国民会议，成立了以他为首脑的国民政府。他开始组建正规军，并与列宁领导的苏维埃俄国建交，缔结了友好条约；并争取尽可能多的国家的同情与支持，为独立战争的胜利打下了基础。黑云压城城欲摧。1920年6月，希腊军队在英国的支持下，大举进攻，企图扼杀土耳其的独立运动。危难时刻，凯末尔出任国民军总司令，以秋风扫落叶之势突破希军防线，把希军赶下了地中海，活捉了敌军总司令。凯末尔领导土耳其人民最终赶跑了外国侵略者，协约国不得不于1923年7月24日在瑞士签订了洛桑协定，正式承认土耳其的独立和主权。 1923年10月29日，土耳其共和国正式宣告成立，凯末尔当选为共和国首任总统，安卡拉被确定为首都。两天后，大国民议会根据凯末尔的提议，废除了封建的苏丹制。1923年9月，凯末尔在安纳托利亚与罗麦里亚护权协会基础上建立人民党；1924年4月，大国民议会通过了新宪法，实行一党制。11月人民党改名为共和人民党，总统兼任党主席，总理为副主席，现代国家制度正式得以确立。1934年11月24日，土耳其国会向凯末尔赐予“Atatürk”一姓，在土耳其语中“Ata”就是父亲，“Atatürk”（阿塔图尔克）就是“土耳其人之父”之意，标示了凯末尔的国父地位。

在确立国家政治制度的同时，穆斯塔法·凯末尔·阿塔图尔克非常重视文化的革新和风俗的改良，这一切不仅为土耳其整个民族，更为土耳其的女性带来了福祉，让她们更多地参与到国家生活中去。

首先是服饰革命。穆斯塔法·凯末尔·阿塔图尔克利用1925年大国民议会授予政府的特别权力，以激烈的手段完成了颇具象征意义的土耳其服饰革命。他颁布命令，强制所有政府人员必须穿戴西装与礼帽，同时颁布一项禁令，禁止非神职人员穿着宗教袍服或佩戴宗教徽记；11月25日，又颁布新的法律，强制所有男子必须戴礼帽，凡戴土耳其帽者

土耳其人闲适的生活

土耳其传统电车

将依律治罪。他带头脱下军服，换上西服，以为国民表率。这在极短时间内，改变了土耳其男性传统的神权和威权，破除了妨碍平等的第一层障碍。这是现代土耳其“脱亚入欧”的一个显著标志。

其次是解放妇女。凯末尔推动了一系列提高土耳其妇女地位的改革。与封建社会决裂的土耳其政府力图反对歧视妇女，使妇女获得应有的社会地位和权利，实现男女完全平等。在私有制社会，争取妇女解放意味着首先要制定保障公民在种族、性别、财产上完全平等及婚姻自由的法律，进一步消除阶级社会遗留下来的重男轻女，歧视、玩弄、残害妇女的传统偏见和习惯势力，逐步实现男女在政治、经济、文化、社会及家庭各个方面的平等。凯末尔的措施主要包括在法律中明文规定不准妇女戴面纱，废除一夫多妻，确立离婚制度，保障妇女在教育、就业、参政及财产继承方面的平等权利。

1934年土耳其大国民议会修改宪法，规定妇女21岁拥有选举权，30岁则拥有被选举权。这项举措比许多欧洲国家更早，甚至领先于以自由、民主、人权为标榜的法国和瑞士等国。

当然，尽管土耳其最早在穆斯林世界中革除了对女性的束缚，但是，这毕竟是一场由上层意志决定的自上而下的革新，土耳其女性鲜有自下而上的自觉或自发的自我解放运动。加之，长期的宗教习惯和社会风俗，以及地域性的经济政治发展不平衡，在很多地区妇女解放并不彻底，成为土耳其社会长期的问题之一。

再次，是文字简化和语法革新。1928年5月24日大国民议会立法通过以国际拉丁字母取代以前使用的阿拉伯字母。同年8月9日在共和人民党举行的一个有党内许多重要人物参加的游园会上，穆斯塔法·凯末尔·阿塔图尔克宣布实行文字改革。他号召"把推广新字母看成是一种爱国行为和国民义务"，要求土耳其人民把"自己从多少世纪以来像铁箍似的束缚着我们思想的那些令人无法理解的符号中解放出来"。而只有这样，土耳其民族才能"以它的文字和它的思想，表明自己在文明世界中的地位"。他前往全国各地，亲自教人们学习新字母。11月3日，大国民议会通过一项立法，以拉丁字母为基础，确定了土耳其语新字母，并规定翌年起不再公开使用旧的阿拉伯字母。

穆斯塔法·凯末尔·阿塔图尔克声称，与阿拉伯字母相比，新字母清晰、简洁又适合土耳其语发音，在土耳其提高成人识字率及发展文教事业方面产生了显著的效果。与其实行的一切变革一样，凯末尔将这一切都视为政治行动，视作改造土耳其国家和社会的一部分，其目的就是要削弱与割裂同奥斯曼帝国历史和伊斯兰的联系。凯末尔从另一方面否定了伊斯兰文化的本体特征，反过来强调了突厥史和前安纳托利亚历史的重要性。这在短时间内，很快降低了土耳其的文盲率。毫无疑问，女性，尤其是广大中下阶层的女性在文字改革中获益最大。她们不仅增长了见识，还通过学习文化走进了工厂、公司，不再沦为社会生活的边缘者。

穆斯塔法·凯末尔·阿塔图尔克在各方面试图使土耳其走向西方、走向现代，也确实在某种程度上实现了目标。土耳其民族通过他的努力，摆脱了内部和外来的束缚，开始向工业化、现代化迈进。仅凭这一点，“现代土耳其之父”的名号他是当之无愧的。

凯末尔虽然使得土耳其人从君主封建体制走向了民主共和，但是他也走向了个人强权与独裁的另一个极端。他试图摆脱阿拉伯与波斯文化的影响，却一味地向欧美文化靠拢。

凯末尔认为，当时伊斯兰社会有许多的生活方式太过宗教化且不够进步，与共和制度和现代化是对立的，与现代民主制度是矛盾的，所以，要实现土耳其的现代化，必须倡导世俗化和全面西化。他以这样一个假设为前提，实行了与奥斯曼帝国和伊斯兰教决裂，将土耳其融入“唯一”的文明——“欧洲文明”的一系列措施。凯末尔本人拥有着民族英雄的光环和一支对其绝对服从的军队。在军事力量支持下，凯末尔依靠暴力和强权推行全盘西化政策，在社会各个方面，以西方为蓝本进行一系列强力的改革。由此也引发一系列问题：由于凯末尔的独裁指导思想，导致土耳其政坛至今仍存在独裁政府与军官的长期干政。历史上，土耳其军队数次发动军事政变或以军事政变相威胁，强迫民选政府下台。所有法律必须经过由军方控制的"宪法法庭"审查才能生效,"民主"两个字,变成了土耳其军人把持国家命运的美丽外衣。

穆斯塔法·凯末尔·阿塔图尔克对于土耳其的影响可谓巨大,至今在土耳其,无论哪个党派执政,都宣称自己是凯末尔的继承者。纵观近现代中东地区的历史,也没有任何一个能与其比肩的人物。无论怎样,对于土耳其这样一个夹在欧亚两大洲之间左右逢源又腹背受敌的国家而言,他的改革毋庸置疑是积极和有效的;同样,对于广大女性而言,改革打破了禁锢她们的枷锁和桎梏,使她们得到了更加悉心的关怀,更加广阔的生存空间。她们丝毫不亚于土耳其男性,就像鲜艳浓烈的土耳其国花郁金香一般,一朵朵怒放在小亚细亚,灿烂于欧亚之滨,创造了非凡的传奇,展现了独有的风姿。

伊斯坦布尔道勒玛巴赫切宫殿

欧亚民族的大融合，不仅使这方水土孕育出了英俊的男子和美丽的女子，使他们既有欧洲人的棱角，又有亚洲人的肤色，而且还将生活在这里的每个人都浸淫在欧亚融会贯通的文化之中。土耳其雄踞欧亚，东睥西睨，具有强大的文化多元性和灵活的宗教变通性，可以说是伊斯兰世界最具包容性的国家。正是源于这种包容，世俗的东西结合的文化氛围给予了女性在伊斯兰世界罕见的受教育和进步的机会，这使得土耳其女性在全世界穆斯林女性中傲然秀立，独一无二。即使是在黑海边的小城特拉布宗，也是如此。

特拉布宗是坐落于黑海东南岸的一个地岬上的小城，北靠黑海山脉，曾是古希腊人在东方的殖民地，有着3000多年的沧桑历史。一直以来特拉布宗都是从黑海通往安纳托利亚东部、伊朗、中亚地区的重要海港。

特拉布宗是古希腊的移民据点之一，可能是由来自于希腊锡诺普的移民建于公元前756年，在罗马统治时期颇为昌盛。作为距亚美尼亚最近的拜占庭港口，位于帝国的重要边境。该城经过重新修整，并在查士丁尼一世东征期间发挥过重要作用。十字军于1204年攻入君士坦丁堡后，拜占庭帝国安德罗尼卡一世的两个孙子出逃，其中康尼努斯亲王在此地建立科穆宁王朝的旁支特拉布宗帝国，当时城市的繁荣主要依靠出口银、铁、明矾、棉花、黑酒等产品。因可与伊朗等地进行国境贸易，特拉布宗积攒了丰厚的税收，迈克尔八世借此终于光复君士坦丁堡，重建帝国。但在1461年，作为帝国最后据点的此城被奥斯曼帝国的穆拉特二世亲手所灭。此后，该城除第一次世界大战期间不幸蒙难于战火，被沙皇俄国控制两年外，均由土耳其人统治。这里仍保有不少中世纪风貌，名胜包括城墙的大部分、康尼努斯王宫的一部分和几座用作清真寺的大教堂。保存最完好的圣索菲亚大教堂现在是著名的历史博物馆。苏丹巴耶塞特二世的妻子古尔巴哈尔的清真寺和陵墓也是奥斯曼时期最杰出的建筑之一，享誉全国。

从地理位置上看，特拉布宗是从埃尔祖鲁姆翻越山脉最实用路线的终端，数世纪以来位于欧洲和中亚之间的主要贸易通道上。13世纪成为大不里士和伊朗西部的主要贸易港口。1900年左右，随着安卡拉至埃尔祖鲁姆铁路的开通，以及伊朗南部霍尔木兹港口的发展，特拉布宗因其单一的海运特征，逐渐失去原有的重要性。港口设施和交通改善后，特拉布宗再度兴旺。在20世纪中期，已经有航空线通往安卡拉，船运通往伊斯坦布尔。由于气候适于农业发展，因此耕作、畜牧业以及渔业都十分昌盛。

黑海风光1

特拉布宗虽然面积小，人口少，但绝非传统意义上的破旧小镇，这里工商业和海运业极其发达，悠长的石板街道边各类商肆随处可见，两边的店铺出售各种果汁和甜点，橱窗外堆满了各种干果和茶叶，手工店铺里满是花花绿绿的天然石质首饰，集市里更是摩肩接踵，人头攒动。一直以来，特拉布宗就是与俄罗斯、乌克兰和格鲁吉亚贸易的重地，路上不时能看到挂着外国牌照的车辆。与土耳其最大城市伊斯坦布尔和首都安卡拉相比，虽然这里没有高档酒店、购物中心，但人们依然笑逐颜开，城市一派生机勃勃。

特拉布宗城外的苏梅拉是一片原始高山森林，岩石峭壁上有一处13世纪凿成的基督教修道院，如同悬空寺一般。这在穆斯林的国度显得尤为珍贵。峭壁上的石窟，大小不一，有楼梯有地窖，蓝天白云下错落有致。小石窟是用来给修士们静坐研修的，窗外就是青山深谷。大石窟画满了彩色的壁画，耶稣、玛利亚、圣约翰垂目而视，顾望苍生。尽管壁画已经剥落了些颜色，不过依稀能看出它过往的绚烂。修士们的起居室每间都很小，要躬身而入，一方小小的窗户，窗下就是悬崖。这就是西方的“禅修”吧……

此外，特拉布宗一度是中世纪特拉布宗帝国的首都，历史造就了这里复杂而又独特的人文气息，使这里少了些浮华，多了些淳朴。这里人们的生活节奏缓慢，处事方式豁达，独有一番滋味。当夕阳西下，炊烟袅袅，伫立在黑海的峡湾边，看着海面在落日余晖的映照下射出点点橘红，确实美不胜收。抑或，在黑海的雨雾包裹下漫步沙滩，极目望去，虚无缥缈中青黛葱葱的群山，褐色悬崖孤傲地耸立着，另是一番风景。有时初来这里的人，甚至会产生错觉：莫非这就是人们所苦苦追觅的离尘圣地！

黑海风光2

即使是在20世纪40年代，第二次世界大战的硝烟正在全世界弥漫的时候，特拉布宗也鲜受战争的烦扰，除了港口繁忙之外，小城依旧热闹但不喧嚣，寂寥但不离世。在期待战争早日结束之余，这里的一户人家还在等待着一个孩子的降临。每当下班之后，父亲一定会尽早赶回家中，抚摸妻子隆起的肚子，喃喃地对着肚子自顾自地叨念美好的祝文，妻子则抚弄着丈夫的头发，笑盈盈地看着他可爱的举动。

“真希望是个女孩儿啊！”她一脸幸福地说。

“嗯，是啊，两个儿子已经够热闹了，让真主赐予我一位小公主吧。”他也应和着。

两个人就这样你一言我一语地谈笑着，期许着怀胎九月的成果，一团团的笑声涌满了整个房子。

因为笑声，全家人都被吸引过来，一家之主的爷爷突然像下命令般，说道："如果真主真的给我们卡拉库鲁克楚家一个女孩，那就让她叫居尔松吧！我希望她能像今天一样，给我们带来笑声和幸福，也希望她像玫瑰一样永远美丽！"

也许是一家人的祈愿和祝祷感动了真主，几个月之后，也就是1945年6月23日，伴随着盛夏的来临，一个漂亮的女孩降临在卡拉库鲁克楚家。正如爷爷所期盼的那样，这个名叫居尔松·卡拉库鲁克楚的小女孩为家里增添了数不尽的欢乐。更让人想不到的是，在40年之后这个小女孩将成为在土耳其教育界和建筑界打破男性垄断的奇女子，她不仅将为卡拉库鲁克楚家带来骄傲，更将为特拉布宗带来荣耀！而此时此刻，她只能在母亲的臂弯里安静地躺着，聆听着一家人的期许，梦想着外面大千世界的斑斓多彩……

目　录

成　长

转眼间，十年过去了，小女孩居尔松慢慢地长大了。

由于特拉布宗独特的地理位置，这座小城成为了土耳其北方的贸易重镇，创造了大量的商业机会，为很多人提供了生计。居尔松的爷爷和爸爸依靠商业和贸易，维持着一家人的生活。

虽然不知道爷爷和爸爸为何早出晚归，但是妈妈作为家庭主妇，那份艰辛和坚忍是深深铭刻在小居尔松心里的。爷爷、奶奶、爸爸和两个哥哥，还有居尔松，这一大家子的家务重担都落在了妈妈肩上。好在两个哥哥和居尔松都乖巧懂事，当同龄人都沉溺在游戏和打闹中的时候，卡拉库鲁克楚家的三个孩子却能够圆满地完成孩子应尽的“本分”：三个小兄妹在学校成绩都名列前茅，事事争先，在家相处和睦，体谅父母。这让辛苦的祖辈父辈们颇感安慰。

因为居尔松是最小的女孩，一家人都对她格外照顾。虽然，每天在外奔波，收入微薄，但是由于商人职业的关系，祖父和父亲的阅识还是给幼小的居尔松打开了一扇窗户。在那个信息相对闭塞的20世纪50年代，这些知识和见闻弥足珍贵，具有无法用金钱衡量的价值。居尔松如饥似渴地吸收着，渴望着，祖辈父辈们所描述的外面世界如此吸引她，让她痴迷，让她遐想，这也许就是她渴望走出去看看的最早的动力吧。

在传统的土耳其家庭，女人是不适合抛头露面、出外打拼的，所以，奶奶和妈妈也如土耳其千千万万的女人一样，宅居家庭，担负起主妇的重任。然而居尔松的母亲却不是典型的“土耳其

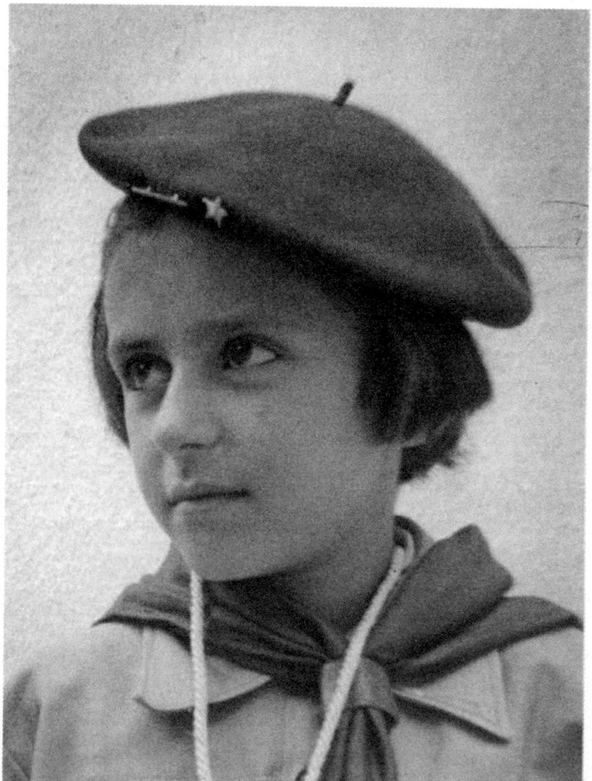

1954年小学时的居尔松

大妈”类型的主妇，她粗通文墨，在一些问题上，能像当家的男人一样思考和处理，甚至带着一点果断和决绝。这种性格深深影响了居尔松，“女人也应该自立自强”的想法逐渐植根于她的内心之中，开始萌芽。

另外，母亲不仅关注三兄妹的生活，而且对他们的教育也十分重视，尤其是在“掌上明珠”居尔松身上。在50年代，绝大多数的土耳其普通家庭让女孩念完初中，就会通过媒婆匆匆地为她物色将来的丈夫，让她早早嫁为人妇，成为人母，开始她们母辈那样的人生轮回。哪怕女孩学习出色，她们也不会得到继续受教育和再深造的机会，因为在很多土耳其家庭男性当家者眼里，“女孩终究是没用的货”的理念早已根深蒂固。然而，当居尔松在学习成绩和思维上表现出有异于其他女孩，乃至超越许多同龄男孩的时候，母亲和父亲所想的一样，认为她们的小女儿不能重复成千上万土耳其女性的老路，她要接受更好的教育，她要走出去，外面的世界才是她的空间和命运。于是，母亲愈加重视起居尔松的教育问题。每当有街坊邻居七嘴八舌地“八卦”谁谁家的姑娘嫁了个大商人抑或大地主的时候，母亲在奉上衷心祝福的同时，也更加坚定了让女儿走一条不一样路的决心。

晚上，当打理好家务，与父亲相伴入睡前，母亲时不时地会谈起居尔松的未来。

“居尔松又考一个第一名，我们的女儿真是和别人的女儿不一样啊！”

“是啊，我们应该想想她的未来，也许她能考上大学，成为我们这一片的人物呢！”父亲也感同身受。

“我们要让她去上大学，好吗？”母亲很认真地盯着父亲。

也许是感觉到了妻子的异样，父亲从床上直起身来，长嘘了一口气，说：“好！只要居尔松她想，只要我还有一点能力，我一定要让她上最好的大学！”

于是，父亲和母亲就这样达成了默契，他们决心要为居尔松付出更多。

“家里有两个哥哥真是太好了”，居尔松经常这样想。

两个哥哥因为年长她七八岁，对居尔松倍加呵护，绝对不允许有人欺负她。此外，哥哥们的学习成绩也很出色，每当居尔松在学习上遇到难题的时候，哥哥们就会言传身教地帮她解决。但是，这种情况没过几年，他们就发现已经很难再帮助居尔松了。因为，居尔松的学习能力和绩效非比寻常，不仅遥遥领先于同龄人，甚至连哥哥们都要超越了，因此，他们对小妹妹的那份珍爱愈来愈重了。

当忆起50年前那段孩提岁月的时候，居尔松笑道：“我的家庭对我最大的支持就是让我总怀着乐观的心态，他们从没有打击过我。我是家中最小的孩子。他们总是倾听我的想法，为了我能做得更好而支持我、鼓励我。因此可以说我在小时候就为了成功而不断努力。我的两个哥哥，他们都非常成功而且一直非常支持我。我上小学的时候每天一回到家，大人们总是会问：‘今天在学校怎么样？做了些什么？’我则向他们讲述我在学校的生活，而我的家人们就会对我说：‘太棒了！’‘你比原来有进步了呀！’爸爸妈妈还有哥哥们总是这样鼓励我。换句话说，在这样的家庭氛围中，不读书、不进步的事儿在我身上是根本不可能发生的。我的哥哥们都努力读书，而我也紧随其后，跟随着他们的步伐。在读书这个问题上，毫无疑问，我们做得都很好。”

还有值得一提的是，居尔松的父母从来没有打过三个孩子，无论他们多么调皮捣蛋，还是考试失常，他们都会非常有修养地教育三个孩子，这无疑为居尔松创造了更为温馨的生活环境。

在一家人的关注下，居尔松的成长真可以算得上一帆风顺。到初中的时候，居尔松甚至都已经对“第一名”这个称谓麻木了。每当别人惊讶于居尔松在各种各样的考试中又得了“第一名”的时候，她却对此有点满不在乎了。

“第一名，那是比较的结果，别人的看法。我只要自己做到最好就行了。忘却虚名吧，我所需要的就是努力，我所需要的就是每过一段时间审视自己，我又进步了。”朋友在问起她对“第一名”有何感想的时候，她如是说。

一家人的努力使得一切都在朝美好的方向发展。

当居尔松十几岁的时候，卡拉库鲁克楚家的生意开始红火了起来，一家人的生计有了着落，由于承揽各项工程并进行跨国贸易，父亲也慢慢成为了他所在的行业里颇有名气、很受尊重的人物，用现在的词汇，可以称之为“富豪”吧。当然，卡拉库鲁克楚家的居尔松比起父亲来绝不逊色，她是很多孩子的榜样。也许像很多中国家庭一样，和她同龄的学生们会经常听到父母的教训：“看看卡拉库鲁克楚家的居尔松，再看看你！你能赶上人家一半就好了。”

就这样，过了几年，居尔松又一次以最优异的成绩升入高中，开始了她在特拉布宗最后三年的读书生活。当很多女孩子离开学校，被父母和媒人塞进婚房的时候，居尔松依然在一个宽松的环境中自由地成长。

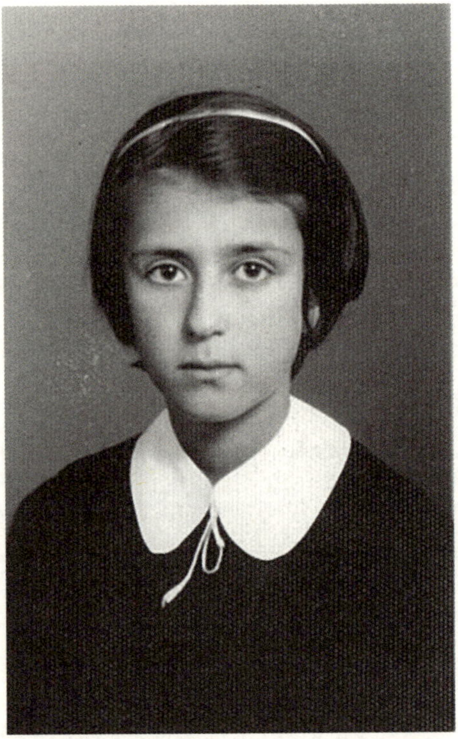

1956年中学时的居尔松

这时的居尔松已经出落成一个美丽动人的姑娘了。在学校时，她会细致地把金棕色的长发收在一个马尾辫里，显得清纯干练。当走出校门的时候，她偶尔会把长发披于双肩之上，略显几分豆蔻少女所特有的柔美。当和自己的闺蜜玩伴在一起时，她还会像小女孩般把玩着自己的长发，显出一种别样的风采，这时的她突然由成熟变得可爱，让人心生喜爱怜惜之情。黑海的阳光所赐予的小麦色皮肤充满着活力，大大的眼睛一闪一闪仿佛会说话，小小的红唇与皮肤的粉嫩，更显分明。一对小酒窝均匀地分布在脸颊两侧，浅浅一笑，若隐若现，可爱如娇子。

无论是她的形象、气质、人品还是出类拔萃的学习成绩，都让很多男孩子为之倾倒和折服。也许用中国古代春秋时期一首陈国的民歌《月出》来描写这群男孩子的心境最为合适了。

月出皎兮，佼人僚兮。舒窈纠兮，劳心悄兮。

月出皓兮，佼人懰兮。舒忧受兮，劳心慅兮。

月出照兮，佼人燎兮。舒夭绍兮，劳心惨兮。

居尔松就像她的名字一般，像玫瑰一样灿烂地绽放着，释放着她的光芒，让人们不由得发自内心地微笑起来。

可是，这时的居尔松却遇上了一个小困扰。马上就要上大学了，

1961年与启蒙老师、同学在一起（右一为居尔松）

关于志愿的问题家里却没有统一意见。尽管祖父和父亲在外面跑码头做生意，见多识广，但是对于大学志愿的问题，却是爱莫能助。

有一次，在饭桌上谈及居尔松大学志愿的时候，祖父说道："你是个大孩子了，爷爷和爸爸可能已经无法在学业上给你指点了，但是，爷爷就有一个想法，无论如何你不要吃'官饭'，不要吃'皇粮'。因为你只要吃一口'皇粮'，你就会欠政府一辈子。孩子，我想说的是，既不希望你将来在政府机关里做事，受他们的恩惠；也不希望你将来的专业要让你和官员们打交道，咱们吃亏还少啊！"

居尔松深深地埋下了头，手里的刀叉也如她的心情一般，沉重难擎。这是一段祖父和父亲难言的往事。

在上世纪40—60年代，土耳其作为所谓的"中立国"度过了第二次世界大战的艰难岁月，随后，又充当了美国的马前卒，抵挡苏联的"铁幕"，在"冷战"时代左右为难。当时，由于经济发展不振，民族矛盾突出，政党轮替频繁，加之军方经常举行政变推翻政府，土耳其的公务员们都噤若寒蝉，人人自危。

虽然，土耳其实现了民族独立和人民民主，但是土耳其军队却成为土耳其政坛举足轻重，甚至决定性的力量。土耳其军方在40年里先后发动了四次政变，成为影响土耳其文化界和教育界的重大变因。

由于土耳其军队在推翻封建统治、建立共和国的斗争中立下不可磨灭的功勋，因此它在土耳其的国家社会政治生活中一直享有极高的地位，军官们的物质待遇也非常丰厚。1923年土耳其共和国成立后，被称为"国父"的首任总统凯末尔禁止现役军官参与政治活动。为严明军纪，凯末尔专门在1930年颁布编号为1632的军事刑法典，严禁军人参政。自土耳其现代国家建立后的37年时间内，尽管军方具有很大的影响力，但确实贯彻着军政分离原则。不过，随着土耳其各种思潮涌动，政坛陷入混乱，加之少数军队领导人权力欲膨胀，军政分离的原则被人为打破。土耳其军方利用在国内拥有的崇高声望和强大暴力武器，多次发动政变。虽然，军方政变被认为是在关键时刻使土耳其避免走向内战、分裂和独裁的不得已之举，但确实给当时的土耳其人民以极大震撼和恐惧。这也深深地影响着居尔松祖父的观念、判断，以及对小孙女前程的考虑。

时光回到1950年，土耳其民主党政府一上台就大量清洗国家机构中的军队势力，使议会中军人出身的议员比例从1/2下降到1/25，并在内阁成员里基本实现文官化。上世纪50年代后期，以曼德列斯为首的民主党政府在经济上过度推崇自由化，导致经济失控，民众的不满日益积累。更糟糕的是，军人不但失去社会政治地位，而且在通货膨胀的情况下，民主党政府拒绝给军人涨工资，从而引起军人更大不满。

在政治上，民主党利用在议会中的多数地位，逐步转向独裁。1960年4月27日，议会通过法令，授权调查委员会查禁出版物、封闭报馆、禁止政治活动、逮捕任何违反规定的人。28日，伊斯坦布尔爆发了反对曼德列斯独裁的学生示威，军警向学生开枪，造成五人死亡，多人受伤。5月27日，土耳其军队总参谋长古尔塞勒发动政变，以藐视宪法、实行独裁的罪名，逮捕了总统拜亚尔、总理曼德列斯及民主党大部分议员和相当一部分官员，政变在没有流血的情况下为全国承认。随后拜亚尔、曼德列斯和其他高官被控叛国罪、滥用公共资金和废除宪法，1961年9月，曼德列斯及外交部长、财政部长被处决，拜亚尔被判无期徒刑。而土耳其军方则于一个月后还政于民，古尔塞勒被选为总统。这场政变对土耳其具有深远影响，军队从此摆脱不能干政的束缚。1961年1月4日通过的武装部队内部法案使军方干预政治合法化，在随后的政变或政变尝试中，军人们都拿出这一法案证明自己干预政治的合法性。在这种情况下，军事政变开始接二连三地上演。

由于频繁的军队干政和政府更迭，政府行政低效和腐败也十分严重，不仅政策连贯性不能延续，经常朝令夕改，而且工商业人士在与政府的接触中也经常受到敲诈和盘剥。居尔松的家族就遭遇过这种无礼对待，因而导致祖父对居尔松选择专业志愿划定了一个“禁区”。但是，没想到40年后，祖父的“禁令”没起任何作用。不仅一心不想当官的居尔松成为吃“皇粮”的最顶尖的国立大学的校长，而且，她还与土耳其最大的“官员”——总统建立了深厚的友谊。当然，此时对大学满怀憧憬的居尔松还不知道命运会如此安排。

1996年拜会土耳其共和国总统德米雷尔（右五为居尔松，左五为德米雷尔）

退出了这次餐桌谈话，居尔松的心情更加沉重，她悻悻地回到自己的卧室，随意翻起了身边的几本书。突然她想起了九岁时的一段往事：在三年级的时候，她第一次接触了“职业”概念，那是在一本关于姓名与职业的生活手册上。这本手册记述了一些按名字字母排序所对应的“最适合”的职业。小居尔松很快向下查找，找到了自己的名字所对应的职业：建筑设计师。“竟然是建筑设计师！”她心里暗暗叫道，“这可是一个奇妙的选择”。因为在小时候，居尔松就表现出很强的动手能力，她在沙滩边建造沙子材质的小城堡、泥土材质的小房屋，往往会引来其他小伙伴的围观。为了能建造更好的小沙堡，会一点建筑设计无疑是最为实用的“手艺”。这给了当时的居尔松非常强的心理暗示，她多多少少萌生了要当一名建筑设计师的念头。之后，居尔松的长兄准备去上大学时，小居尔松问他：“如果我想做一名建筑设计师，你觉得我在哪个大学读会比较好呢？”她的大哥思索片刻，答道：“当然去伊斯坦布尔科技大学读建筑学

1963年大家庭合影（后排左一为居尔松）

喽！”于是，九岁的居尔松就模模糊糊地定下了一个目标：考到伊斯坦布尔科技大学，做一名建筑设计师。似乎从那时起，伊斯坦布尔科技大学就算是与居尔松结缘了。

想到这里，居尔松从床上一跃而起，把自己小时候的梦想告知了家人。就这样，经过全家人反复讨论后，居尔松的志愿就以这样奇妙的方式决定了下来。娇小的居尔松就和“建筑设计”联系在了一起，而且是一辈子，再也没有分开过。

经过十数年的苦读，居尔松·卡拉库鲁克楚终于以傲人的成绩考上了建立于1773年的伊斯坦布尔科技大学，开启了她的青年时代。

求学　爱情

比起特拉布宗来，伊斯坦布尔实在是一个奇迹般的大都市。

伊斯坦布尔是土耳其最大的城市和港口，土耳其的文化、经济和金融中心，欧洲最大的都会区之一，是世界上唯一地跨两个大洲的大都市。由于位居博斯普鲁斯海峡，控制了黑海的进出，故自古以来就是兵家必争之地。全市98%的居民信奉伊斯兰教。伊斯坦布尔曾经是罗马帝国（330－395）、拜占庭帝国（395－1204，1261－1453）、拉丁帝国（1204－1261）、奥斯曼帝国（1453－1922）与土耳其共和国建国初期的首都，至土耳其独立战争期间迁都至安卡拉。

公元前658年，它始建于巴尔干半岛东端、博斯普鲁斯海峡南口西岸，位于金角湾与马尔马拉海之间的地岬上，称拜占庭。公元324年，罗马帝国的君士坦丁大帝从罗马迁都于此，改名君士坦丁堡。1453年土耳其人将其作为奥斯曼帝国首都后，始称伊斯坦布尔，但西方国家仍习称为君士坦丁堡。1923年土耳其迁都安卡拉，伊斯坦布尔成为正式名称。现市区已包括海峡中、南段两岸以及与之相连的马尔马拉海北岸地段，包括海峡东岸的于斯屈达尔，成为地跨欧、亚两洲的大城市。两座跨越博斯普鲁斯海峡的大桥飞跃于上，将欧亚两块大陆如手指般紧紧相扣。

伊斯坦布尔之所以闻名于世，主要原因之一是其得天独厚的地理位置。在亚洲大陆最西端的黑海与地中海之间，有一条至关重要的“黄金水道”，它把亚洲和欧洲大陆分割开来，其中间部分是马尔马拉海，南端叫达达尼尔海峡，北端叫博斯普鲁斯（伊斯坦布尔）海峡，总称黑海海峡。此“黄金水道”是黑海通向外界的咽喉要地，伊斯坦布尔就坐落在博斯普鲁斯海峡的南端。从这里出发向北从海上直达黑海沿岸各国；向南接着地中海，从海上可通欧、亚、

伊斯坦布尔蓝色清真寺

非三个大陆；站在伊斯坦布尔的高处向西望去，欧洲大陆近在咫尺；向东虽有帕米尔高原阻隔，但2000年间丝绸之路上商贾不断往来。这种优越的地理位置，使其不仅成为洲际交通枢纽，而且成为强国觊觎的战略咽喉。

伊斯坦布尔不仅地理上横跨两洲，而且还兼收并蓄欧、亚、非三洲各民族思想、文化、艺术之精粹，从而成为东西方思想文化的一个重要交汇点，随之遗留下许多源远流长的名胜古迹。约600年前，君士坦丁堡被攻陷之时，城内几无人烟，奥斯曼土耳其苏丹穆罕默德二世从其他被征服的地区如伯罗奔尼撒半岛、萨洛尼卡和希腊诸岛上迁来居民，并将东正教最华丽的圣索菲亚大教堂和其他拜占庭建筑改为清真寺。希腊牧首的职位予以保留，但迁入帕马卡里斯圣母教堂，即费特希耶清真寺，后来又将长驻地设在费内尔区。苏丹在现为伊斯坦布尔大学校址上建造王宫，稍后又建立托普卡珀皇宫，现为博物馆。他还在金角湾顶端建造埃干普清真寺，在圣使徒长方形教堂旧址上建造法蒂玛清真寺。1457年，奥斯曼帝国都城从阿德里安堡迁至此城，并更为现名。从这时起，伊斯坦布尔的各种文化和思潮开始在一个较为稳定的政治统治下酝酿、发酵和交融。

穆罕默德二世之后，伊斯坦布尔经历了长期的和平发展，中间只受到地震、火灾和流行病等自然灾害的破坏。历代苏丹和大臣致力于建造喷泉、清真寺、宫殿和慈善基金会等，城市外观完全改变。土耳其建筑物的兴建在苏莱曼一世在位时达到最辉煌的阶段。伟大的建筑师米玛·希南的作品点缀了这个城市的天际线。

伊斯坦布尔第二次历史性的变化发生在19世纪奥斯曼统治临

伊斯坦布尔跨海大桥

近崩溃之时，这一阶段被称为内部改革时期。改革的过程中发生过严重的叛乱。例如1826年在竞技场对耶尼切里近卫军的屠杀。随着进步的苏丹马哈茂德二世对保守的反对派的胜利，伊斯坦布尔开始大踏步西化。自19世纪30年代以来，因有轮船可以抵达伊斯坦布尔，欧洲访问者日益增多，横跨金角湾的第一座桥梁建于1838年，1839年苏丹阿卜杜勒·迈吉德一世颁布一项法令，保证所有的臣民不论何种信仰，都有生命、财产安全。1853年至1856年发生的克里米亚战争以及英法援军在伊斯坦布尔的驻扎加快了城市的西方化步伐。

20世纪最初25年发生的多次混乱局面，标志着奥斯曼帝国的死亡和现代土耳其共和国的诞生。1908年该城被青年土耳其党人占领，废黜了人们痛恨的独裁暴君阿卜杜勒·哈米德二世。在1912年至1913年的巴尔干战争中，伊斯坦布尔险些被保加利亚人占领。在第一次世界大战中，英军发起的夺取该城的加利波利战役遭到惨败，损兵20万。停战后，该城为法、英、意共管。小亚细亚的希土战争及俄国革命后，成千上万的难民来到伊斯坦布尔。民族主义者穆斯塔法·凯末尔·阿塔图尔克取得革命胜利后，废除了苏丹制，收回了伊斯坦布尔，但当时的伊斯坦布尔安全问题堪忧，凯末尔就决定把首都迁到安卡拉。

现在的伊斯坦布尔因汽车过多产生严重的交通拥堵问题，城内大段地区的建筑物被拆除以便修建高速公路。尽管如此，伊斯坦布尔仍保留有40多座博物馆、20多座教堂、450多座清真寺。这些美丽的建筑本身及其收藏的大量文物，都是东西方交汇点历史的生动见证。在古代东方博物馆展有苏美尔人的头像、巴比伦人的瓦器、亚述人的浮雕等，这些都是两河流域和小亚细亚地区各民族史前时期的文物。在考古博物馆有大量古希腊、古罗马时代的文物，其中马其顿国王亚历山大的巨大石棺，是公元前4世纪希腊艺术的杰作。在考拉教堂，有大量关于圣母、基督和使徒的壁画，是拜占庭艺术的代表作。在苏莱伊曼清真寺，雕梁画栋、镂金刻银，有许多奥斯曼时期的艺术珍品。在市内西岸旧城区里，历代各帝国时期遗留下的石砌古堡、城垣、塔楼、渡槽随处可见。同时它还拥有欧洲乃至世界闻名的高等学府，其中最为辉煌的一所就是伊斯坦布尔科技大学。

伊斯坦布尔科技大学是世界上第三所同时开设专业技术学科和其他社会科学的大学，其诞生可以追溯到奥斯曼土耳其帝国时期的1773年。它是土耳其知名度最高和历史最悠久的大学之一。

在穆斯塔法三世苏丹时期，帝国海军工程学院由于当时的国际局势应运而生，担负起振兴土耳其海军的重任，当时的主要专业是海洋勘探测绘和船舶设计制造等。到18世纪末叶，由于海权意识的觉醒和奥斯曼土耳其的衰落，除了建造军舰之外，培养海军军官和其他各类航海人才也迫在眉睫，于是，帝国海军工程学院的职能范畴又增加了培养军事人才这一项。1845年，学校的专业设置发生了重大改变，挥别了以军事工程为主体的过去，开始向纯粹的工程和建筑专业方面倾斜。这种趋势在1883年和1909年得到了强化，伴随着所有有关军事方面专业的裁撤，原本的帝国海军工程学院也被更为社会化和公共化的名称所替换。至此，它成为了完全面向公众的，以建筑和工程为旗帜专业的现代化的大学。

在共和国时期，伊斯坦布尔科技大学是最早一批受到国家认可的高等学府之一。1944年，在这所高等学府走过逾一个半世纪的风雨历程之后，“伊斯坦布尔科技大学”终于成为了它新的名称，并被世人所熟知。到1946年，伊斯坦布尔科技大学的建筑、土木工程、机械和电气工程等专业已经发展得非常成熟，成为在欧洲、近东和中东闻名遐迩的重要高校。

当1962年，19岁的居尔松·卡拉库鲁克楚走进伊斯坦布尔科技大学的时候，她也许不会想到，现在是她选择了这所学校，希望这所学校能够带领她走向新的天地，而30年后，这所学校就会选择她，让她指引着伊科大走向新的辉煌。

虽然此前居尔松在这个喧闹繁华的大都会伊斯坦布尔曾生活过几年，但是，想到现在一个人要长期离家生活和学习，她还着实有些不适应。都市霓虹闪烁下的迷离颓唐，浮世繁华下的人情炎凉，都时时挑战着这个女孩，让她感到一种难言的孤寂。要知道，特拉布宗人是有名的“直筒子”，那种“言必信，行必果”的干练和“说一不二”的果敢可是在土耳其鼎鼎有名的。对于伊斯坦布尔这个充斥着铜臭和尔虞我诈的大城市，她的“直筒子”性格显得格格不入。但是，在伊斯坦布尔的所见所闻也让年轻的居尔松感到新鲜，当然，一种挑战的欲望也在她娇小的身体中跃跃欲试。“我能行！”她悄悄地对自己说。尽管声音细微，但依然能感受到她在说出这三个字时的力度和坚定。

还好，伊斯坦布尔科技大学的学术氛围和自由气息呵护着她，让她可以不理会校园外的纷扰和动荡，安心地完成自己的学业。

每当有空的时候，居尔松都会暂别枯燥的数字和冗繁的图纸，或独自一人，或邀上三五好友，在大学校园的青草绿树间翩翩信步。伊斯坦布尔科技大学的老校园有着二百多年的历史，浓密的树林掩映着奥斯曼土耳其时代的古建筑，花团锦簇间又会露出一尊大师长者的雕塑。春天的青青小草，秋天的漫山红叶，都让她深深地爱上了这所大学。在这里，一群群的理工科生并没有被数字所桎梏，相反，大学的自由和开放，反而让这些学子拥有了文艺气质和人文精神。

每当春天的时候，风似有似无地吹着伊斯坦布尔科技大学落寞了一冬的院子，轻轻地拂过每个人的脸庞，这是春送给人们的吻。经过一个漫长冬天的孕育，空气中散发着树枝抽芽的清新气味，百花齐放，一派争香斗艳的情景好不让人陶醉。土地复苏了，残雪消融了，在风的吹拂下，杨柳迫不及待地长出了辫子，在微风中摇曳着，那如同一面镜子的池塘，感受到了春的来临，像一块碧绿的翡翠，在蓝天白云的衬托下，格外夺目。夏季的太阳无情地笼罩在校园上空，树影缩成一团，叶子都蔫蔫地打卷了，远远望去，似乎有一片透明的蒸汽在升腾。这是个炎热而又充满希望的季节，来自黑海和爱琴海的夏风交汇在这里，让人心旷神怡，思绪连连，树的浓荫让人忘记了学习后的疲惫和天气的炎热。秋天的校园并不是金色的，叶儿们似乎不想结束它们的演出，还是那一片片辉煌的绿色，使人目不暇接，阵阵沁人心脾的秋风拂过人们的衣口。秋，是多么迷人，比春多一份成熟，比夏少一份蛮横，比冬多一份温情，像一位季节的艺术家，一次次演奏出秋的那份温情的旋律。冬天悄悄降临了，夏天的绿、秋天的黄都相继离去，它们被灰色所代替，校园里光秃秃的树木让人看了不由产生一种凄凉的感觉，这时风情万种的教学楼似乎也多了一份庄严少了一份活力。黑海的风裹挟着寒意急躁地飞来校园，吹出刺骨的寒风，吸走了温暖与舒适，洒下漫天大雪，把校园装扮得晶莹剔透，像一座白色的宫殿。

就在这春夏秋冬中，年轻的居尔松汲取着知识，审视着世界。对大学的热爱和自己刚强的性格促使她发奋地学习，为成为一名建筑师而努力。她经常会想："建筑是一门可以改造世界的学科，我希望能够通过自己的努力为这个世界做点什么！"

居尔松的直爽和优秀，使得她在学校里又成为了焦点，一如在特拉布宗时那样。

1962年，伊斯坦布尔科技大学建筑设计系在全国招收了45名学生，其中只有14名女生。面对一个当时几乎没有女孩子学习的专业，所有的男生都信心满满，根本没把居尔松等一帮小女孩放在眼里，认为这群小姑娘更像啦啦队，来大学纯粹是“陪太子读书”，或是“标榜女权赶时髦”，或是“为家族装点门面”。然而，居尔松可不这么想，特拉布宗人的刚强和自己的信念促使她一定要出类拔萃，不能让男同学们看不起。她一定要在这个男性主导的行当里搞出些名堂。

很快，她就为自己制订了学习计划，不仅要学好专业课，而且要多参加公益活动，同时，她还下决心一定要学好当时并不被人所重视的英语。没多久，她就在一次次考试和社会活动中超越了那群不可一世的男同学，在各项测评中独占鳌头。当大家对她褒扬有加的时候，她却对第一名已经毫不在意了。

1966年大学时的居尔松

有一次下课后，同学们离开了教室，只有居尔松一个人还在埋头苦学。这时，一个不知姓名的学生跑进教室，问道："你们班有一个叫作居尔松的女生吗？"

居尔松爽快地回答："有啊，我就是啊。"

"你就是？你可是太有名了，建筑学院的学霸啊！回回第一名，一次没落啊！"同学用惊异的眼光打量了她一番，不禁让她羞赧起来。

居尔松突然有些木讷，反问道："什么第一名？我不知道。"

这句话反而让那位同学丈二和尚摸不着头脑，"你自己都不知道吗？你每项测评都是第一名啊？"

"哦，这个我还真没注意过，第一名我还真是不太在乎，学好就行了。"说完，居尔松看了一眼傻傻不知所措的同学，又继续低头用功起来。

这不是居尔松不在乎第一名，而是因为她的努力已经让她习惯了第一名的常态。在居尔松心里，从中学时代起她就已经领悟到学习不过是一个过程，成绩只是一个肯定，实干才是她追求的结果。大概正是在这样一个以男性为主导的专业里，居尔松骨子里那股不服输的"铜豌豆"气质才会宣泄出来。也正是源于这种精神，促使她在一个男性威权不可挑战的穆斯林文化中，在一个世俗开放但又传统的国度里，在一个很少有女性涉足的行业上走得更远、更高。

转眼间，四个春秋的时间匆匆闪过，居尔松收获了很多，距离毕业也就一年的时间了。她不仅得到了让自己满意的学习成果，交到了知心的朋友，得到了师长们的肯定，还有一份爱情在悄悄向她靠近……

对方叫阿赫麦特·萨拉莫，是一个身材魁梧、蓄着一头黑色短发的男生。阿赫麦特是伊斯坦布尔科技大学建筑工程专业学生，他的教室与居尔松的建筑设计专业的教室分别在两栋楼上，但透过窗户却可以对望。他们的第一次相遇就发生在阿赫麦特所在的这栋楼上，很快，两个出色的年轻人就被对方吸引住了。

当阿赫麦特开始格外注意到居尔松的时候，居尔松实际上也对这个干净利索、温文尔雅的小伙子颇有好感。每次见到他时，阿赫麦特清秀的面容上总是点缀着自信的笑容，深邃的眼睛如一汪碧水，泛出男性特有的神秘，让人觉得很有故事，再加上高挺的鼻梁、性感的嘴唇，这真是一副美男子的标准搭配啊。由于专业的原因，他还常常把白色的衬衫卷起，露出小麦色的皮肤和紧致的肌肉，使人顿时感到有一股朝气蓬勃的新风扑面而来。此外，与居尔松一样，阿赫麦特的成绩也十分出色，无论是参加体育项目，还是社会活动，都是全能干将。这么优秀的男孩子，在伊科大女孩子眼里，是拨动她们内心琴弦的优雅乐手，同样在居尔松的心里，也会让她在枯燥的学习生活之余，泛起一片涟漪。

慢慢的，两个人的课程随着年级的跃升逐渐有了交集，两个互相欣赏和仰慕的年轻人有了更多相处和接触的机会。女生学建筑设计，男生负责工程施工，不仅他们两个人，即使在其他人眼中，他们也是十分合适的搭档和伴侣。

“你们一个画房子，一个盖房子，再生一堆小孩子。”闺蜜发现了居尔松的情愫，不禁打趣道。

居尔松虽然脸上挂着愠怒的神色，但还是有股甜蜜涌上心来。

两个人的相识和相处，并没有影响他们的学习生活，反而对他们是更大的促进。

当两个人谈起未来的前途和打算时，居尔松说："我想继续读硕士和博士，如果有可能我还想去国外深造，去看看发达国家建筑设计行业的发展。还有，爷爷不希望我们家的孩子和政府打交道，但是，你知道的，建筑设计还是会和政府有很深的瓜葛，如果有可能的话，我希望能在伊科大当一名老师，把我所学所知都留给以后的孩子们，女人也需要尽自己的能力，争取改造这个社会的机会。其实，这种争取，本身就是对世界的一种改造。"

听到这里，阿赫麦特大为震动。因为在穆斯林世界里，很多女孩子在成年后都要蒙上头巾，遮盖面容，退居家庭，从事单调繁重的家务劳动。她们受教育的权利根本得不到保障，运气好的孩子可以在小时候上私塾或是女校，略微学一点文字，以不至于成为未来婆家的累赘；运气不好的女孩子很可能会被无奈的父母许配给长老或地主，充当小妾，任人蹂躏和驱使。虽然，土耳其堪称穆斯林世界最为开化和包容的国家之一，女性并不需要用黑纱蒙面，但是在20世纪60年代，宗教还是深刻地影响着这片土地，世俗化和宗教化的冲突从未停歇。在一些地区，不仅很多男性不希望女性受更高层次的教育，甚至女性本身也不愿意受教育，因为即使她们受到良好的教育，也很难在男权掌控的社会法则或潜规则下谋取工作的机会，晋升更是难上加难，因而，还不如退而求其次，返回家庭相夫教子。所以，得知居尔松有如此想法之后，阿赫麦特陡然对眼前这个娇小的姑娘增添了几分敬意。他觉得，这样一个自立自强的女孩子在当下的社会实在是弥足珍贵，他要全力帮助她，爱护她，陪他走完一生。

40年后回忆起在伊斯坦布尔科技大学学习和与阿赫麦特恋爱的时光那一刻，居尔松不无甜蜜和骄傲，她说："我进入建筑系的时候，班里一共45名学生，其中有14位是女生。大概三分之一的女性比例，但在我们这一级之前，三分之一的女生比例是不可想象的。我们在建筑系里丝毫没有感到弱势和羞怯，而且更有趣的是，在系里学习成绩前四名的学生都是女生，男生只能望我们项背而已。我呢，还是永远的第一名。这为我以后工作奠定了非常强的信心！"

"另外，女生相比较于男生不仅丝毫不逊色，而且还具备天然的优势。比如说，在成绩方面，若以四分为基准分，那么女生的分数往往比男生的分数要多0.5分。而且女性相对来说是完美主义者，同时也更缜密细腻，追求美感，这些都是优点。然而在实践方面，对于女性来说还是存在很大的障碍和困难的，建筑企业基于各种原因，更加青睐于男性建筑师。他们认为在灰大土暴、黄沙裹汗的建筑工地上，男性建筑设计师似乎耐受力更强一些。概括地说，女性建筑设计师还是可以同男性同行一较高下的，存在着晋升为成功的建筑设计师的机会。女性若想成为一名优秀建筑师，必定会经历更多的困难和曲折。当然，倘若与一个建筑工程师结婚组成家庭，两个人一起做建筑的前期和后期工作，那就太完美了！而我竟然就得到了如此美妙的婚姻。"

居尔松出身商人世家，阿赫麦特来自书香门第，居尔松的干练、睿智、成熟与阿赫麦特的儒雅、内敛、亲和相得益彰，结合得恰到好处。

不仅两个年轻人爱得火热，他们的父母也对孩子未来的伴侣十分中意。经过父母同意，两个年轻人在大学毕业那年订了婚，随后在1969年，24岁的阿赫麦特和居尔松举行了盛大的婚礼，为他们的爱情作出了新的定义——无论风雨，无论艰辛，两个人要相守相爱一辈子！

1969年结婚典礼

“执子之手、与子偕老”，对于热恋中的人们是充满浪漫和幸福的话语。一首感人至深的情歌、一句发自肺腑的表白、一场精心设计的浪漫婚礼……这一切足以让心爱的人感受到爱情幸福的浪漫气息。蔚蓝的天空、温暖的阳光、和煦的微风，在一个舒适惬意的环境中，绿草铺成迎接嘉宾的地毯，鲜花搭成走向幸福的拱门。与其说这是一场婚礼，不如把它定义为一场大家庭亲朋好友之间的聚会更为贴切。热闹的气氛、美妙的音乐、天真的孩童、丰富的自助餐，在这种最喜庆的气氛中，人们见证了一对新人手牵手开启他们美好的未来。

当钢琴曲缓缓响起，婚礼司仪走上舞台，用特有的童话故事的开场请出新郎：传说中，王子用深情的吻吻醒了沉睡的公主，而在同时，世界上最美的玫瑰也开满了他们生命中每一个角落。今天是个特殊的日子，因为今天的我们将一起见证一段美好的爱情，也许在很久很久以后，我们已忘了具体的时间与地点，但我们永远不会忘记这一对新人的甜蜜誓约，以及幸福永伴……现在有请我们今天的王子闪亮登场！阿赫麦特带着笑容从容地踏上主台，等待着新娘的驾临，全场鸦雀无声，只有音乐还在轻柔地飘荡。伴随着司仪爽朗的召唤，新娘在父亲的陪伴下，被四个“小天使”簇拥着从幸福之门走进了殿堂。所有人的目光都集中在了居尔松的身上，当然最为深情的那束目光是属于阿赫麦特的。白色的婚纱烘托得居尔松更如仙子一般美丽，以至于直到几十年后，每当居尔松看到婚礼的黑白照片的时候，还是掩饰不住地羞涩和喜悦。

在赞美歌的旋律下居尔松挽着父亲的手臂踏在“小天使”为她撒下的花瓣上，款步走向象征幸福的鲜花拱门。当新郎从新娘父亲手中接过新娘时，深深的一个鞠躬代表了千言万语。钟声响起，结婚进行曲回荡在整个殿堂，居尔松挽着阿赫麦特的手，也挽着她一生的幸福，踏着铺满幸福的花瓣走向婚礼的主台。

当阿赫麦特在全场人面前问道："居尔松，你愿意嫁给我吗？"世界静止了，所有的耳朵都在等待着回音。"我愿意！"简单的三个字，却承载了所有的诺言，新娘的微笑在这个时候换来了全场的掌声。不，不仅仅是掌声，还有欢悦的笑声和感动的抽泣。

从此，居尔松·卡拉库鲁克楚将自己的父姓，改为了夫姓萨拉莫，她在自己父母的激励中，更在爱人阿赫麦特·萨拉莫的支持和呵护下，开始全新的事业和非凡的人生旅程。

深造　执教

几年光阴在充实的学习中缓缓流过，结婚并没有成为居尔松·萨拉莫事业发展的牵绊，反而赋予了她新的求知欲。1973年，居尔松在母校伊斯坦布尔科技大学获得了建筑学博士学位，成为该校历史上获得建筑学博士学位的第一批女性之一，“特拉布宗的第一名”延续着大学的传奇。

求学是居尔松家生活的重要一环，但远不是全部。1974年，居尔松和阿赫麦特迎来了一个可爱的小生命：他们的儿子埃敏·萨拉莫降生了！小两口对生活有了全新的认识，也有了比先前更为长远的目标。稚儿咽哺、含饴弄子不仅给这个家庭带来了欢乐，也给这个家庭带来了动力。

尽管已经取得了最高学位，并且获得了伊斯坦布尔科技大学建筑设计的教席，居尔松还是觉得缺少了点什么。因为她已经深深爱上了“建筑设计”这个在当时的土耳其属于尖端学科的专业，她想汲取更多的外来知识和思维理念，以便能够在这个神圣的讲坛上有所建树。

当她向丈夫阿赫麦特·萨拉莫提出去剑桥大学深造的想法的时候，她的心里极度惴惴不安。她担心年轻的丈夫会放不下刚刚稳定的小家庭，会放不下将要远隔重洋的家。居尔松把准备多时的说辞小心翼翼地摆在阿赫麦特面前时，他还是如她所料一般“发怒”了。然而这却让居尔松大为感动，因为，丈夫发怒并不是不满她扔下家庭，希冀远赴西欧，而是怪罪她以“小女子之心度大丈夫之腹”。阿赫麦特与土耳其的传统男性不同，是一位相当开明、深受人文主义熏陶的现代男性，他能够细腻地关切爱人的需求和愿望，也能够充分分担家庭的难处和压力。阿赫麦特丝毫没有为居尔松的想法而生气，除了几句甜蜜的嗔怪，相反，他无私地支持居尔松赴英留学的计划，甚至还当即表示，愿一同努力，与居尔松一起得到赴剑桥求学的机会。

也许是居尔松的拳拳之心打动了真主，他们如愿得到了去英国剑桥大学攻读博士学位的机会。当这个消息传到建筑设计系的时候，所有的同仁都由衷地感到兴奋和喜悦，毕竟这是伊斯坦布尔科技大学建筑设计专业与世界顶尖水平接轨的重要一步。

带着对家的不舍，带着对儿子埃敏的挂念，萨拉莫夫妇远赴英国，开始了三年的剑桥之旅。

剑桥大学是一所位于英国英格兰剑桥镇的公立研究型大学，始创于1209年，亦是英语世界里第二古老的大学。剑桥大学和牛津大学经常被合称为“牛剑”，除了两所大学在文化和现实上的协作已成为英国社会史的一部分外，两所大学长久以来一直存在着竞争。

剑桥大学最早是由一批为躲避殴斗而从牛津大学逃离出来的老师建立的，亨利三世国王在1231年授予剑桥教学垄断权。剑桥大学获评为世界上最杰出及最顶尖的大学之一。剑桥大学为学院联邦制大学，目前共有31所住宿学院，而各个学术部门则被归入六个主要的学术学院（Schools）里。它是众多学术联盟的成员之一，也是英国金三角名校之一。剑桥大学还是诞生最多诺贝尔奖得主的高等学府，共有89名诺贝尔奖得主现在或曾经在剑桥大学学习或工作。

剑桥大学位于伦敦北面50哩以外的剑桥镇。剑桥镇本身是一个拥有大约10万居民的英格兰小镇。这个小镇有一条河流穿过，称为“剑河”或“康河”。剑桥大学本身没有一个指定的校园，没有围墙，也没有校牌。绝大多数的学院、研究所、图书馆和实验室都建在剑桥镇的剑河两岸，以及镇内的不同地点。

说起居尔松即将步入的剑桥大学马丁建筑与城市研究中心，那可是大名鼎鼎。马丁中心有上百年的历史，是欧洲最早研究建筑的高等学术机构，其创始人是赖特林·马丁爵士。20世纪50年代马丁中心开始效仿美国，对建筑做几何方面的研究。第二次世界大战之后，该中心为政府设计战后重建规划，在伦敦完成了许多富有远见的建筑项目。

上世纪70年代，该中心开展了一项计划，招募一批数学家和几何学家，并将其培养成建筑师，现在他们当中的很多人都很有建树，成为知名的专家和教授。如曾任英国皇家艺术学院院长的劳德·马赫先生和伦敦大学副校长的菲利普·戴特曼先生。当然，居尔松也或多或少受益于这项计划。

这批拥有复合学术背景的建筑大师在建筑设计上形成一个明显的特点：采取分析更合理的眼光，运用二维、三维几何模型的角度来设计建筑的样板，使得建筑形式与自然环境能够互动，区域与城市交通规划相结合。

当时马歇尔教授推崇的是采用数学方式对区域性建筑的分布进行研究，他最早带领学生用计算机模型对城市空间进行规划和设计，为现代建筑学奠定了基础，成为剑桥历史上的一段佳话。

虽然剑桥大学马丁中心规模不大，但其整体实力可与世界一流大学的科研机构开展合作，在世界建筑领域位居前沿。马丁中心与剑桥大学计算机系、物理系和工程系均有良好的合作关系，还与英国石油公司等多家世界知名的跨国企业，针对多向流体展开合作。

另外马丁中心还有两个突出特点：一是以科学的方法求质量，采用人文基础研究的方式。二是由于建筑涉及历史、哲学理念等各个方面，马丁中心对在这里深造的学者要求严格：他应是一个建筑历史学家，需要具备人文科学和哲学双重素养。

要做到这两点首先应有谦虚的态度，在进行建筑设计时充分了解当地建筑环境风格。实际上传统建筑方式是最明智的解决当地问题的方案，那是人们在生活中长期实践的结果，另外文化的连贯性也是应该受重视的。比如，多年前，马丁中心在地中海岛国马耳他设计建筑物，沿袭了当地的传统建材石灰石，没用任何钢架，如此成本没有增加，运费还更便宜，这样的建筑不仅与当地的气候适应，而且在风格上保持了一致性。这是一种科学的、可持续发展的建筑设计理念。这深深地影响着年轻的居尔松，让她对建筑有了一种全新的、更为理性的认识。

当居尔松对剑桥大学马丁建筑与城市研究中心的一切都抱有求知欲的时候，马丁中心也对这个来自小亚细亚的姑娘充满了好奇。

在英国人的眼中，小亚细亚的土耳其实在是一个遥远的国度，无论气候、食物，还是宗教、人种，都与西欧人大相径庭。那时，土耳其还被西欧人认为是保守、落后、混乱和贫穷的国度，整个国家充斥着对女性的歧视和不公。另外，由于在剑桥修习建筑设计学的学生大多来自欧美或者英语国家，一个操着些许"东方语言"口音的异国求学者显得格外突出。马丁中心的上上下下实在都想象不出，这么娇小的一个姑娘为何选择了一个以男性为主导的行业——建筑设计，又如何这般渴求地踏上了英伦求学之旅。

也正是由于此，马丁中心的导师给了居尔松更多的关照和指导，以便能让她更好地融入到典型的西方文化中去。虽然，马丁中心的理念是尊重民族和传统，但是一个优秀的建筑师又必须拥有国际化的视野和全球化的胸襟。只有在对整个世界有了宏观和微观的深刻了解后，才能更好地尊重每个国家和民族的文化，创造出不凡的建筑奇迹。

聪明的居尔松也不负众望，尽管在前两个月她遇到了一些生活上的困难和文化上的误解，但是她还是很好地调整了状态，在非常短的时间内融入到了马丁中心，乃至整个剑桥大学严谨、客观、充满活力的大氛围里。

在马丁中心的一年，居尔松深刻地感知到了外面世界的缤纷色彩和飞速发展。20世纪70年代，正是第三次工业革命如火如荼开展的大时代，早期的计算机技术已经日臻成熟，使用计算机进行建筑设计成为了可能。马丁中心的教授们和居尔松一样明白将计算机技术引入建筑设计中会是建筑设计史上一次伟大的变革。他们在进行日常教学和研究的同时，开始了这方面的调研和探索。

在二战之后，以知识经济为核心的信息时代已经悄然降临。计算机科学技术在全世界被公认是20世纪最主要和最核心的科学技术之一，它已渗透到社会生活的各个方面，影响和改变着人类的思维模式和行为方式。虽然，在上世纪70年代，计算机笨重、复杂、运行缓慢，然而，越来越多的人感受到了它的方便和高效，深刻意识到了这项技术给整个人类发展带来的翻天覆地的变革。在全球化和可持续发展的感召下，现代建筑所释放的日益复杂的功能、精神甚至情感，都促使建筑设计向严密化、科学化方面进化。不管是其外在形式，还是其实现手段，以及内在技巧，传统的建筑设计方法都已不能适应信息时代的需求。虽然受到当时技术条件的制约，计算机只能处理一些数据的计算和核对，但是马丁中心的精英们还是尽自己的所能开展这方面的尝试和探索。因而在面对计算机技术在建筑设计中的应用这一重大课题上，剑桥大学马丁中心无疑是走在前列的，而居尔松又是在土耳其的同行中较早接触到该领域的先驱。

一年的时间如白驹过隙般一晃而过。居尔松和阿赫麦特顺利完成了博士答辩，获得了“计算机辅助建筑设计”博士学位。毫无疑问，对于居尔松而言，这是辛劳和充实的一年。她汲取了大量的知识养分，有了前所未有的信心。

在学习之余，居尔松和阿赫麦特还不忘饱览和赏鉴英伦的建筑杰作，从中得到灵感和营养。在这些杰作之中，大本钟、伦敦塔桥和英国议会大厦是最让她难以忘怀的。

大本钟即威斯敏斯特宫报时钟，是英国伦敦著名古钟，钟楼坐落在英国伦敦泰晤士河畔，是伦敦的标志性建筑之一。大本钟有四个钟面，每个钟面各由312块乳白色玻璃镶嵌而成。透过玻璃，时针和分针清晰可见。修建钟塔工程的负责人是当时有名的本杰明·霍尔爵士，人们便以他名字的爱称尊称这座时钟塔楼为“大本钟”。最初这个名字只是赋予塔中那座大钟的，如今却已成为整个塔楼的名字了。建造之初，英国皇家天文馆就要求大钟每个钟点的第一响准确到误差不超出一秒钟，对于这个带着笨重的机械敲击装置、指针暴露在风吹雨打之中的巨钟来说，这个要求似乎太苛刻了。不过，最终大本钟还是按照要求建造完毕，并且表现良好。仿照剑桥的大圣玛丽教堂，每个准点敲响的钟声，配合了如下的词句：“愿这个钟头的分分秒秒，上帝导我前行，以主之能，佑吾民平安。”作为伦敦市的标志以及英国的象征，大本钟巨大而华丽，重13.5吨，四个钟面的面积各有两平方米左右。大本钟从1859年起就为伦敦城报时，根据格林尼治时间每隔一小时敲响一次，至今已有一个半世纪，尽管这期间大本钟曾两度裂开而重铸，现在它的钟声仍然清晰、动听。定期参观这件建筑精品一度成为居尔松的必修课。

伦敦塔桥的设计颇为合理，在世界桥梁建筑业中有口皆碑。早在大学时期，居尔松就萌生了要去看看伦敦塔桥的想法。伦敦塔桥是一座吊桥，最初为一木桥，后改为石桥，如今是一座拥有六条车道的水泥结构桥。塔桥两端由四座石塔连接，两座主塔高35米，方正厚重，风格古朴，远望如两顶皇冠，雄奇壮伟。桥身分为上、下两层，上层（桥面高于高潮水位约42米）为宽阔的悬空人行道，两侧装有玻璃窗，行人从桥上通过，可以饱览泰晤士河两岸的美丽风光；下层可供车辆通行。当泰晤士河上有万吨船只通过时，主塔内机器启动，桥身慢慢分开，向上折起，船只过后，桥身慢慢落下，恢复车辆通行。两块活动桥面，各自重达1000吨。从远处观望塔桥，双塔高耸，极为壮丽。桥塔内有楼梯上下，内设博物馆、展览厅、商店、酒吧等。登塔远眺，可尽情欣赏泰晤士河上下游十里风光。假若遇上薄雾锁桥，景观更为一绝，雾锁塔桥是伦敦胜景之一。从外表来看，塔桥的两端是维多利亚时代的砖石塔，实际上塔身的结构主要是钢铁的，里面装有用来开合各重1000吨桥梁的水力机械。塔桥自建成至今，机械功能一直正常，从未发生故障。巨轮鸣笛致意后，上升机械只需一分钟便能使桥面升起。

除了大本钟和塔桥，英国议会大厦更是居尔松认为的建筑精品。英国议会大厦位于威斯敏斯特宫，又称国会大厦，是英国国会（包括上议院和下议院）的所在地。威斯敏斯特宫是哥特复兴式建筑的代表作之一，1987年被列为世界文化遗产。该建筑包括约1100个独立房间、100座楼梯和4.8公里长的走廊。尽管今天的宫殿基本上由19世纪重修而来，但依然保留了初建时的许多历史遗迹。英国议会大厦是英国浪漫主义建筑的代表作品，也是大型公共建筑中第一个哥特复兴杰作，是当时整个浪漫主义建筑兴盛时期的标志。整体造型和谐融合，充分体现了浪漫主义建筑风格的丰富情感。其平面沿泰晤士河南北向展开，入口位于西侧。特别是它沿泰晤士河的立面，平稳中有变化，协调中有对比，形成了统一而又丰富的形象，是维多利亚哥特式的典型表现，流露出浪漫主义建筑的复杂心理和丰富情感。其内部一方面以铂金设计的装饰和陈设而闻名，另一方面也以珍藏有大量的壁画、绘画、雕塑等艺术品而著称，被人们誉为“幕后艺术博物馆”，作品水平甚高。威斯敏斯特宫作为全世界最大的哥特式建筑物，其雄伟之气，在同类建筑中无与伦比。从威斯敏斯特桥或泰晤士河对岸观赏，英国议会大厦的鬼斧神工之势令年轻的居尔松赞叹不已。

除了以上这些建筑奇迹，还有很多的英伦建筑艺术品被居尔松严肃地审视和细致地揣摩过。不仅仅是马丁学院的课堂知识，还包括自己在留学生活中点点滴滴的吸纳和感悟，这些都成为了居尔松一生的财富！

当踏上归途的时候，萨拉莫夫妇不会知道在40多年前，有一个中国的诗人徐志摩也曾踏上剑桥，但是却带着满腔的失意和无尽的哀情匆匆离去。剑桥并没有给予居尔松“轻轻的我走了，正如我轻轻的来；我轻轻的招手，作别西天的云彩”的离愁和多思，相反的，剑桥给予她的是力量和抱负。在给居尔松送别的那一刻，马丁中心的同仁们虽然看到的是一个娇弱纤细的背影，但也发现这小小的躯体中承载着无尽的活力和希望。

当居尔松·萨拉莫返回祖国的时候，伊斯坦布尔科技大学建筑系的同事和同学都感受到了剑桥大学马丁中心给居尔松带来的深切变化，都能察觉到英伦求学之旅赋予她的特殊印记。居尔松比之前更为理性、开放，同时又具备了国际化的视野，这使得她在建筑设计行业中更为突出，何况她还只是一位刚过而立之年的年轻女子。甚至居尔松的老父亲都说：“我们的特拉布宗玫瑰要在绿叶中绽放了！”

尽管头顶剑桥大学博士的光环，但是居尔松依旧如青年时代谨言慎行，处事低调。她很快重拾建筑设计、数字设计和设计逻辑模型等课程的教鞭，再次走上了讲台。正如所料想的一样，由于其广阔的国际视野和丰富的知识储备，居尔松所教授的课程堂堂爆满，深受学生喜爱和欢迎。同时，她也非常重视教学法的革新，引进了那时堪称时尚的多媒体教学，注意对学生的启发，加强学生的实践能力培养，重视在教学上的实操技能训练。由于她在教师岗位上的卓越贡献，居尔松连续多年获得了伊斯坦布尔科技大学乃至土耳其教育部的表彰。正如中国的一句俏皮话所说的："金杯银杯不如口碑，金奖银奖不如夸奖"，居尔松也对官方授予的荣誉和称号有着清醒的认识，丝毫没有因此而滋长骄娇二气，恰恰相反，她更觉得使命艰巨，不能辜负同事们的认可和支持，更不能辜负学生们的期待和追捧。她更加卖力地把精力和智慧投入到教书育人中。虽然越来越多的科研项目压在她稚弱的双肩上，虽然接踵而至的学术会议期待她的主题发言，但是，她依旧恪尽职责地站在三尺讲台之上。当学生们为她热烈鼓掌的时候，居尔松突然觉得这掌声是世界上最美好的声音。对于这几年的寂寞和付出，这掌声不正是最好的回报吗？

此后不久，由于居尔松·萨拉莫具备出类拔萃的知识技能和丰富的教学经验，经过层层选拔和审核，她先后获得了硕士研究生导师和博士研究生导师资格，成为伊斯坦布尔科技大学在建筑学领域获得这两项导师资格的第一位女性。

在伊斯坦布尔科技大学任教的近40年里，居尔松的研究领域主要集中在数字设计和设计逻辑模型上。她在伊斯坦布尔科技大

1994年与学生们在一起

学开创了本科计算机辅助建筑设计课程，同时还指导了11位博士生毕业论文及25位硕士生毕业论文。与此同时，在计算机辅助建筑设计、建筑设计理论、室内设计与计算机应用、经济适用房设计、城市农村人口住宅、违章建筑、室内设计比较学、室内空间结构、计算机辅助室内设计、高等教育管理研究以及科技与工程等研究领域，她也牵头实施了诸多研究项目。同时居尔松在国际知名学术刊物上发表了超过20篇学术文章，在建筑领域的国际性会议上演讲并付梓成书的发言稿超过100篇。

当问及居尔松·萨拉莫为什么会取得如此成功的时候，居尔松的眼神飘向了丈夫阿赫麦特。她不无感慨地说：“这40年，我最最该感谢的人就是阿赫麦特先生了。我们的结合格外幸运。因为，阿赫麦特先生和我不仅是同学，还是一同工作在建筑设计行业的同仁，更是在伊斯坦布尔科技大学的同事。可能正是这种组合，让我更加如鱼得水，羽翼在侧。说句实在话，他真的是我的良师、益友和最最亲爱的爱人。如果他不是我的同行，我的同事，我的同枕，我不敢想象我的路是否会走得如此顺利，走得如此宽阔。”听到这里，阿赫麦特尽管想努力掩饰住喜悦和兴奋，然而，那种幸福感早已从他的眼角和嘴角流淌出来，无法掩饰。

尽管教学工作繁忙，科研任务沉重，但是，居尔松和阿赫麦特的感情生活却依旧淡然平和，且不时地偶有幸福的小喜悦。一对小夫妻在完成工作之余，会开车去远郊考察和研究公元前1500年左右赫梯时代的古建筑遗址群和公元前500年前后的古希腊和古罗马遗迹。两个人会做详细的技术测量和数据收集，据此并参照建

与丈夫阿赫麦特教授在一起

筑设计学的知识进行分析和探讨。同时，每当国内知名的大型建筑动工或完工的时候，居尔松和阿赫麦特也会抽出时间不远千里，前去观摩和学习。当然这种旅行还有另一层意义，在游览各地风景名胜、了解不同的人群和文化的过程中，居尔松可以从繁忙的工作中短暂游离，充分释放各种压力。但实际上居尔松所深爱的工作在很大程度上已经成为她的一个爱好，不断产生的新想法、逐一完成的新事物给她带来了极大的满足。

如果说居尔松有什么特别的爱好，那还真是异于常人。尽管已经成年，居尔松最喜欢做的事，竟然是“做梦”。然而这些梦，并不是什么玄幻神奇，更不是所谓的一枕黄粱，而是在睡梦中迸发的一个个奇思妙想和非凡创意。这些梦通常情况下都组成了居尔松长时间构想的项目的骨架。简单来说，居尔松是一个真正把爱好和工作融合在一起的人，这个“爱好”直到花甲之年她都保留了下来。

对于家务居尔松也是一把好手。居尔松很喜欢布置房屋，家中有东西需要更换或者添置的时候都是由她出马。此外严谨而有条理的思维也让她形成了良好的生活习惯，由于书房里的书籍报刊需要经常更换，居尔松都会将它们归类排好，统一处置。加之本身是建筑设计师的缘故，居尔松很爱搬家，也爱装饰房屋。同时居尔松的烹饪手艺也是一绝，当和全家人去高原上野餐的时候，居尔松家的野餐营地总会让周围的人艳羡不已。

当然居尔松也有不喜欢的家务劳动。每当和其他同龄女性聊家常时，她总会请教别人熨烫衣服的技巧，因为阿赫麦特对居尔松经常烫坏他心爱的衬衫多有抱怨。还好谢天谢地，此后不久居尔松就请到了家政保姆，萨拉莫家的生活开始平稳地运转起来。

1996年和丈夫、儿子在一起

逐渐的，居尔松更加忙碌起来。一方面，在家庭生活中，爱子的降生和成长，需要她付出无微不至的母爱；另一方面，在工作上，随着居尔松在建筑设计教学领域声名鹊起，越来越多的政府和社会上的邀约纷至沓来。居尔松的同事们，也希望能够由她牵头，引领他们去争取更多的科研项目和参与建筑设计竞标。

早在1967年，居尔松年仅22岁就成为了土耳其建筑师商会的成员。这使得她有机会经常与工作在一线的建筑师深入交流，并且能实际参与到真正的建筑设计中，而不是仅仅在课堂上纸上谈兵。

同事们的支持和鼓励赋予居尔松信心和力量。在牵头主持了土耳其很多建筑和土木工程项目并获得成功之后，1982年，她下定决心组织人员参与了土耳其共和国政府主办的著名旅游风景区——乌岛光明度假村综合体设计大赛。

鸟岛位于土耳其爱琴海滨。爱琴海是一片充满着浪漫气息的海洋，在那晶莹剔透的海水拍打着的长长的海岸线上，有着许许多多橄榄树果园、峻峭的山岩，以及被松林拥抱着的广阔而素雅的海滩；牧歌式的渔村散落于平民疗养地和拥有5000年历史文化与神话遗产的古代文明之中。这样的地区自然吸引着大自然爱好者、慕求阳光一族、摄影家、体育爱好者，以及考古学者等各种各样的人前来观光。

随着游客的大量涌入，鸟岛的接待能力已经严重超负荷。土耳其旅游部门和当地政府迫切希望能够投资建造几座大型的旅游度假综合体，集中解决游客的游玩和购物需求。然而，由于当地自然地貌的特殊性，给度假村的修建制造了严重的障碍。首先，鸟岛孤悬海中，海域宽阔，潮汐频繁，潮差大、流速急，具有典型的海洋性气候特征；其次，鸟岛土质和岩石构成极其复杂，给基础设计和施工带来一系列问题；再次，因有部分滩涂，施工条件复杂，采用常规设计方案和施工方法很难满足工期要求；最后，当地渔民对自然环境保护有苛刻的要求，绝不能因为修建度假村而影响了他们的生计。正是因为这一系列原因，鸟岛度假村综合体的项目设计方案总是搁浅，以至于只能通过土耳其政府在国家层面举行招标来解决。

同样是困难，但这些没有难倒敢拼敢闯却又精明强干的居尔松。经过大量的调查、统计、设计、修改、推翻、重启、论证，居尔松的鸟岛光明度假村建筑设计方案终于出炉。这份方案在保证施工安全、经济效益的基础上，实现了自然与人的完美平衡，一经上报，即在业界、国家土木建筑主管部门引起了轰动。他们没有想到，在这个男性主导的国度，男性主导的行业，竟然还存在着这样一位不凡的女性。经过一轮又一轮选拔和淘汰，居尔松的设计方案过五关斩六将终于获得了一等奖，她的很多经典设计和奇思妙想被具体实施到了鸟岛光明度假村的建筑规划中。直至今日，当人们踏上鸟岛的时候，还能欣赏并享受到居尔松独具匠心的建筑作品。

时间过得很快，十几年的岁月，伴随着充实的日夜忙碌和幸福的合家欢乐慢慢流走。1992年，他们独立好强的儿子埃敏年满18岁了，他如当年母亲居尔松一样，决定走出去求学。只不过这次他会走得更远，远赴大洋彼岸的美国接受高等教育。居尔松和阿赫麦特非常愿意给儿子充分的空间和多样的机会，他们一致认为在没有父

荣誉教授授职仪式

母关照的环境中孩子更能够有所成就，所以他们同意了儿子去久负盛名的美国杜克大学接受本科教育的提议。后来，埃敏在结束了杜克大学的学业之后，又在德克萨斯大学奥斯汀分校获得了硕士学位，现在已经成为美国德克萨斯州知名的土耳其裔成功人士。

随着儿子的离开，居尔松把全部的精力投入到了工作中。居尔松感觉到她的建筑设计专业知识又到了一个要走出去交流、充电的时间节点了。恰在此时，英国另外一所知名的大学向她发出了邀约。这就是久负盛名的贝尔法斯特女王大学。

英国贝尔法斯特女王大学，始建于1845年维多利亚女王时代，是英国历史最悠久的十所大学之一。它坐落于英国贝尔法斯特市的南部，建筑古色古香，环境宜人。虽然女王大学地处北爱尔兰地区，但是经过百年的发展，女王大学高水平的教学和科研已在国际上享有盛誉。全英只有三所大学两次荣获英国高等教育和成人教育女王周年纪念奖，女王大学便是其中之一。

贝尔法斯特女王大学办学历史悠久，学术成就令世人瞩目。女王大学各类在校生达25000人，其中包括来自世界63个国家和地区的近3000名海外学生。教职员工有3500人。留学生中占绝大多数的是来自中国、中国台湾、马来西亚、新加坡、中东各国、加拿大和美国的学生。经过多年的发展，贝尔法斯特女王大学高水平的教学和科研已在国际上享有了很高的声誉。女王大学拥有一流的教学科研仪器设备和上百万册馆藏图书。它的计算机设备和交互多媒体教学体系在全英大学中居领先地位。该校拥有230座大楼，又准备投巨资在贝尔法斯特南面修建一个大学村，这一宏伟计划将使师生人数都有所增加。

女王大学高度国际化，其绝大多数教研人员均来自北爱尔兰以外的地区。大学校长由美国参议员乔治·米切尔担任，副校长则是在加拿大出生的乔治·贝恩爵士教授。贝恩爵士在欧美两地的十数所大学担任过多年的学术领导职务，业绩斐然。

贝尔法斯特女王大学非常重视满足学生的福利要求，因此，在为学生指派顾问和导师的同时，学校也设立了综合的学生服务系统。女王大学除了大量教辅人员之外，还有很多其他高校所未有的职位和服务，涵盖范围广泛。比如，设有教士和其他宗教代表、大学医疗保健中心、学生咨询员和职业服务处等。另外，国际办公室专门负责国际学生事宜，成效显著。

一个半世纪以来，从这所大学走出了成千上万的优秀人才，其中包括诺贝尔文学奖获得者谢默斯·希尼先生、诺贝尔和平奖获得者大卫·特林布尔先生以及爱尔兰总统玛丽·麦卡利斯女士。另外，贝尔法斯特女王大学还曾于2001年5月授予前任美国总统比尔·克林顿荣誉法学博士学位，其他国际政要和知名人士在该校获得荣誉称号的不胜枚举。

当收到这样一所全球知名高校的访问学者邀请函的时候，居尔松欣然接受了。因为她深知贝尔法斯特女王大学在全球建筑设计业界的巨大影响和绝对权威；同时，她的知识架构和多元思维也是女王大学所迫切渴求的。于是，在1993年居尔松收拾行囊，开始了为期三年的第二次英伦之旅。

比起第一次远赴剑桥大学马丁中心求学而言，居尔松此次贝尔法斯特之旅显得更为自信和从容。在学习交流之余，贝尔法斯特女王大学还因为居尔松高超的学术水平和丰富的教学经验，专门邀请她为女王大学的学生们开设建筑设计学课程，延请她主持大量高水平讲座，并让她参与到研究生指导，甚至学校的顾问工作中去。这为她日后走上校长岗位积累了宝贵的经验。当1996年居尔松归国时，她的学术水平和管理能力又上了一个新的台阶。这使她无论是在教研工作，还是其他活动中都更为游刃有余，把握自如。

2001年荣誉教授授职仪式

学术水平的提高只是一方面，在社会生活中居尔松也有了全新的升华，她的生命中迎来了一位新的重要人物。正是这位人物的出现将居尔松少年时代祖父卡拉库鲁克楚“不许与政府官员交往”的禁令彻底打破。居尔松不仅与这位权倾土耳其的大人物成为莫逆之交，而且这位大人物还对居尔松的事业鼎力支持。也许是居尔松有着卓越的政治智慧，也许是法制的实施使得土耳其逐渐结束了混乱时代，祖父辈的遭遇并没有在她的身上重演。相反，居尔松不单单与国家政要打交道，甚至还更多地参与到了国家政治生活中，为土耳其的很多领域作出了贡献。

这位重要人物就是在土耳其家喻户晓的政坛“不倒翁”苏莱曼·德米雷尔先生。德米雷尔1924年生于土耳其中部伊斯帕尔塔县

陪同德米雷尔总统参观伊斯坦布尔科技大学

一个传统的农民家庭。在接受了正规的初等和高等教育后，以优异的成绩获得土木建筑工程师资格。1961年2月参加正义党，开始其政治生涯。因其精明干练，精力充沛，很快崭露头角，并在1964年出任正义党主席，时年40岁。1965年大选，正义党一举击败老牌共和人民党，组成正义党政府，他首次出任总理。此后直至1980年的15年时间里，他曾六次担任一党政府或多党联合政府总理，先后推行了三个五年计划，有力地促进了土耳其经济发展。1980年9月，以总参谋长埃夫伦将军为首的高级军人集团发动不流血政变，推翻德米雷尔政府，取缔正义党，德米雷尔被废黜并且遭到拘禁，并被勒令十年内不得参与政治活动。1987年他被解禁后立即重返政坛，并以其威望当选为正确道路党（其前身为正义党）主席。1991年10月大选，该党战胜祖国党，获议会450席位中的176席，因未过半数，不能单独组阁，而与社会民主人民党组成联合政府，德米雷尔第七次出任总理。后来，由于前任总统在任内逝世，德米雷尔临危受命，经土耳其大国民议会推选成为了土耳其共和国第九任总统。

如果说起土耳其总统苏莱曼·德米雷尔先生和居尔松的第一次交集，那就不得不提起他们共同的母校——伊斯坦布尔科技大学。德米雷尔在第一次见到居尔松时，当得知居尔松是比他晚十几年的小师妹那一瞬间，想必会油然生出一种难以言表的亲切感。德米雷尔崇尚西方民主议会制度，推崇西方民主价值观，丝毫没有土耳其男性固有的大男子主义，他对女性很尊重，并尽可能打破传统性别壁垒，为女性提供更为平等的求学、就业和发展机会。居尔松对此深为敬佩，也感怀于心。他们的友谊维系了数十年。

1996年与总统德米雷尔在一起

尽管与政府官员，乃至时任总理德米雷尔先生都建立起了密切的联系，但居尔松还是尽可能回避政治。即使例行的大学系主任、学院院长选举，无论呼声多么高，她依旧谨遵祖父的禁令，尽量与政治和管理划清界限。可越是急流勇退，居尔松在同事和领导的眼中就越发卓尔不群，大家就越发希冀她的能力、公正和淡定可以为大学注入更多的正能量。随着时间的推移，无论是在高校领域，还是在建筑设计业界，居尔松的智慧、平和与威望，已经无人能出其右。居尔松固有的想法慢慢发生了变化，她开始萌生了出任伊斯坦布尔科技大学建筑学院院长的念头。但是，命运却赋予她更加宏大的使命。在当时，土耳其许多高校的最高决策者一直抱怨资金的匮乏和法律的限制，并拒绝顺应来自社会、学者和学生们的建议和思路，高校前进的脚步逐渐放缓。同样，伊斯坦布尔科技大学也正处于土耳其高等教育改革的呼声高涨之时，迫切需要一位没有官僚作风、具备全新思维的新领航人。面对这一局面，居尔松提出：不要给那些只会抱怨的校长候选人投票，而要投票给那些能够排除阻碍和克服困难去实现你梦想的校长候选人。或许正是这一点深深打动了关注伊斯坦布尔科技大学发展的社会各界和校内师生。因而，在前任校长的大力举荐下，在土耳其教育部的认可下，在伊斯坦布尔科技大学同仁的支持下，1996年，居尔松·萨拉莫在短暂担任了一段时间的校长助理之后，跨过系主任、院长等职位层级，直跃成为一校之长。大家认为，居尔松不仅是一名出色的教授和导师，而且短暂的校务工作让她迅速积累了大量的高校管理经验，更为可贵的是她有一颗“改革”的赤诚之心。尽管居尔松没有想过要迈上如此高位，但是来自学校和社会各界的期望还是把她推向了前台。

1997年德米雷尔总统在伊斯坦布尔科技大学开学典礼上

通过与大学领导层和教育部的多次会商，在得到了家人的鼓励和支持后，居尔松欣然迎接了这项挑战，走上了土耳其伊斯坦布尔科技大学的首席领导岗位。

摆在居尔松面前的不再是模型和图纸，而是纷繁复杂的管理工作。在经过与学校领导层短暂而高效的磨合之后，她充满了信心：“我一定能绘制出一幅崭新的伊斯坦布尔科技大学的蓝图！”

在上任的当天，居尔松和丈夫阿赫麦特收到了一份特殊的礼物。那是他们的父母特意从世界著名的首饰品牌“宝格丽”重金购置的一对情侣腕表，老人家的心意令居尔松很感激，也很了然，全家人都希望她能够克服各方面的困难做好伊斯坦布尔科技大学的校长工作。在未来的日子中，每当居尔松遇到难题的时候，都会端详那只承载着全家人寄托的腕表，也许，这会给她新的力量和勇气，让她这么一个小个子女性去迎接挑战，担负责任。就这样，居尔松在丈夫阿赫麦特以及全家人的鼓励和支持下，开始了长达八年的校长生涯，并开启了大学改革的序幕！

1996年首次当选校长

改　革

创新思想的注入

由于伊斯坦布尔科技大学是土耳其老牌公立高等学府，因此，它也存在着很多发展中国家公立大学的通病——观念僵化，缺乏创新。在伊科大工作和学习了二十余年的居尔松·萨拉莫对此有深刻的认识。实际上在这二十多年里，伊斯坦布尔科技大学秉承传统欧洲高等教育思想，长期引导着土耳其的科技教育，20世纪70年代以来，随着轮换体制的出台，学校也强烈地感受到改革的必要性，进行了多方面的变革和调整。首次改革从1969年开始，学校将本科生教育和研究生教育分离，把五年制的工程专业分成四年制本科教育和1.5—2年的研究生教育。此后多年，很多专业进行了部分调整，开始实施相应的学分制和“英语辅助教学”方针，在全专业增设了英语课程，以适应全球化的需要。在以后的近二十年中，虽然改革时而有之，但总是对现有教学制度的小修小补，算不上真正的、全面的、系统的“改革”。何况，随着信息技术在20世纪末的大范围普及，作为一所科技类高校，改革的紧迫性就显得愈发突出起来。

1996年上任伊始，居尔松就提出了一个崭新的口号——“全面

1997年老校区开学典礼

创新”，宣示着改革的开始。她主张将教育改革的重心放在创新上，以创新带动学校的发展，带动教研的进步。在她的督促下，学校在教务处第230次会议上决定，自1997~1998学年起本科教育30%的课程改用英语教学，通过了《设立学分制教育评价体系的决议》。同时为了使即将成形的十数个框架项目得到国际认证，教务处设立了专门委员会，统一调配和安排校内所有院系的课程。专门委员会完成这项任务之后，仍以“教务处教育委员会”形式继续运作。

1998年，委员会建议以“教导学习”作为执行学分制的基石，这正与居尔松所想不谋而合。由此，在居尔松的指导下，委员会强调以使学生在“教学中接受教育”和“具备问题解决能力”方面得到锻炼为目的，进行一定的课程体系改革。在学校领导精心的管理下，在教师们细致的筹备下，针对本科生所打造的教学科研平台应运而生，伊斯坦布尔科技大学的学子们很大程度上可以按个人意愿为自己制订教学计划并改善计划，互相评价，作出必要的调整，同时还能实现预定的学习目标。对于学分制度，居尔松主张在制订必修课程计划和实现非必修课程计划过程中，由学生扮演积极的角色，教师作为导演进行指导，并且“客串”配角，帮助学生达成目的。经过四年的尝试，通过以学校为主导、以学生为主体的教学改革，伊斯坦布尔科技大学的教学理念发生了重大转变，由传统式的以教师为核心，转变为以学生为核心。

此外，居尔松还在上任伊始就表明了“廉洁执政”的决心，直到退休，她都反复表示过：“在我的世界中已经没有金钱的概念了，对于我来说，‘钱’这种东西不存在。我除了拿教授的固定工资之外没有额外地多拿过一分钱。但是其实作为校长有得到三份工资的权利，副校长们也有得到两份工资的权利。在搭建领导班子的过程中，我对即将与我一起共事的副校长们说过这样的话：‘我绝不拿超额的工资，即将和我一起共事的人也一定不可以拿这种工资，如果你们接受这一条件那就来当这个副校长。你们不可以在外面做任何兼职，我也保证不做。’我们使我们自己从金钱方面得到了净化。我们不能只关注学校内的工作，在我们之外的人谁做得好我们就要向他们请教，让他们给我们指引方向。正因如此，我们避免了利益上的冲突。这既是为我自己，也是为和我一起共事的团队。接受这些条件的人留下来和我一起工作，当然，没有接受的人离开了。我认为，我们服务于哪里，我们就要把自己奉献给哪里。我们要清除掉自己所有的利益瓜葛。我不是为了那些浮华虚荣来当大学校长的，如果我成了这里的大学校长，那么我必须致力于使这所大学得到更好的发展。我们成立了一个与我这些想法相符合的优秀的团队。这里没有钱，只有事业。你相信这一点吗？我深信不疑。在这种情况下我们放弃了金钱方面的追求，完全为了我们的事业走到了一起，为了我们的大学付出了我们的心血。工作最美好的一面就是没有一个人是为了金钱而工作，每个人都和我一样是为了事业在努力。做这些工作的时候我们也获得了宝贵的乐趣，我们是用博爱和平和在工作，而不是为了名誉和财富。有个别校长和副校长拿了那些额外的工资，甚至有的人还从顾问和项目合作处那里组建了一个团队，但是团队中的其他人由于没有拿到超额工资，在很短的时间内就放弃团队和工作走掉了，没有一个能干长久的。只有同甘共苦的时候，团队才可以运行下去，但是当团队中分配不公平的时候期待成功，当然就是一场天方夜谭。”居尔松对于自身和领导团队自律、

1998年居尔松在德米雷尔总统授奖典礼上

廉洁的高标准严要求可见一斑，这也成为她为君子所推崇、为小人所诟病的重要原因之一。

教学课程的先导性改革

为了转至面向学生的教学体系，居尔松认识到1997年之前的教学课程总课时过多的现实是不利于学生的自主学习的，因此她针对所有学院的课程数量进行了适度的限定，规定《土耳其语》、《阿塔图尔克主义和革命历史》、《英语》等基础课课程的四年总学分不得超过150学分，除了个别极为特殊的情况外，教务处可增加的课程总学分上限为153学分。除了学分外，居尔松还严格界定一个学年是由三个学期组成的，实行秋季、春季和夏季的三学期制。这样学生可以对相关领域的课程进行自由选择，并自己制定教学计划和学习方案。由此可以引起选课数量的显著增加，学生学习自主性和创新性大为提高。所有学院课程全部打通，学生可以在任何学院选择选修课。同时，她在土耳其较早地引入了辅修和双学位概念，学生在制定课程规划时，可以在报名成功的学院之间进行辅修和双学位学习，从而大大提高了学习效率，由此伊斯坦布尔科技大学的学生不仅“专才”，而且“全才”。

针对部分工程类课程教师以案例教学为主的情况，居尔松强调依照国际高校的相关标准化认证要求，教师授课必须使用教材，同时要求所有课程，无论是英语授课，还是土耳其语授课，都要尽可能地使用英语参考资料，以应对全球化所带来的挑战和机遇。

与此同时，居尔松所领导的伊斯坦布尔科技大学每年都会评估素质教育理念的实践结果，这也无形中强化了居尔松所持有的本科课程务必与国际认证过程衔接的新理念。为落实与国际认证衔接的新理念，居尔松领导着工作团队多方奔走，协调工作，认真研究评审部门公布的资料。这一切努力都是值得的，学校实施国际认证过程，最终得到了美国工程技术评审委员会（ABET-American Accreditation Board for Engineering and Technology）的评估资格。评估资格的获得不仅是伊斯坦布尔科技大学应对全球化发展的良机，对土耳其高等教育更是有着重要价值，这让居尔松产生了前所未有的愿景和沉甸甸的使命感，因为国际化教学改革的号角已经吹响。在获得美国工程技术评审委员会的评估资格后，居尔松首先对学院的课程进行了改革，改革的标准参考了美国工程技术评审委员会提出的工程系框架，整体改革包括如下几项：

在课程总学分方面：学院课程总学分的目标是不能超过150分且不能低于140分。

课程类别的学分比例如下：数学与基础科学学科占25%（最小），基础职业学科占20%（最小），人文社会学科占20%（最小），职业与职业设计学科占25%-35%。

选修课或必修课的最小比例为20%。这意味着选修课占总课程的比例会接近17%。选修课不必按照以上四类课程均匀分布，这样学生不仅可以在人文社会学科中至少拥有1-2门课的选择权，学有余力的学生还可以专攻工程学科中的个别项目内容或后续项目研究，而不必花更多精力去考虑如何选择课程来平衡学分。

居尔松对基础必修课也作了相应的调整，其中数学与基础科学学科：数学I（3+2或者4+2），数学II（3+2或者4+2），微分方程（4+0），基础物理I（3+2），这些课程在所有工程系属于必修课。数学专业的必修课除了数值法、线性代数、复合变量函数、微积分方程、概率与统计、高等数学和离散数学外，添加了系统分析领域的其他课程；基础科学中的必修课为基础物理、光学、经典力学、现代物理、量子物理、天文学、基础化学、分析化学、物理化学、有机化学、地球科学、普通生物学和微生物学。

在基础职业学科方面，由居尔松主抓的计算机课程改革工作小组提议，包括音乐学院在内的所有院系，在第一或者第二学期都必须学习FOTRAN 90，计算机及信息系统介绍（1+2），C++或者PASCAL的电脑语言课；科学工程计算介绍（3+0）课程，则安排在所有工程系的第二或者第三学期进行授课。

在人文社会学科方面，居尔松和人文社会学科教师共同商议，确定土耳其语I（2+0）、土耳其语II(2+0)、革命历史I（2+0）、革命历史II（2+0）、英语I（3+0）、英语II（3+0）、英语III（3+0）为必修课。此外，院系选修课经济学（3+0）或者法学（3+0）课程也成为必修课。在工程院课程改革的推动作用下，居尔松对人文社会学科的课程也进行了改革，其中除了经济学和法学之外，还新开设多门课程，包括外国语言文学、历史学、心理学、社会学、哲学、人类学、文学、政治、管理学、精美艺术、科学技术史等课程。

在学生作业完成情况的考核方面，所有专业，特别是职业与工程设计学专业，作业完成情况应占六学分。

最后是对部分跨学科跨院系选修课程的选修分数进行调整，由原来的一学分调整为三学分，这对选择院系间选修课的学生来说，提高了该门课程的重要程度和学习积极性。

与此同时，居尔松还带领专家组细致走访，对所有院系本科生的实验教学过程进行考察，并与教务处教育委员会详细讨论进展情况并进行效果评估，达成一致意见后，将校方认可的国际平台评价框架下的新课程在1997-1998学年正式推行开来。这一接轨国际化认证体制而进行的教学课程改革，引起了土耳其高等教育界的一次震动，也间接使得1999年第28届国际工程教育研讨会与国际工程教育协会（IGIP）的举办权花落伊斯坦布尔科技大学。会议期间，居尔松作为此次改革的领航人，将伊斯坦布尔科技大学的教学改革内容详细地展现在土耳其高等教育界专业人士面前，引起了广泛的热议，更得到了高度的评价。

居尔松的视野是具有前瞻性的。工程技术评审委员会ABET的EC2000（工程标准2000，Engineering Criteria 2000）持续改进

居尔松教授在2003年开学典礼上致辞

模型于2000年起在美国全面实施，2006年起向其他国家推行，而居尔松对学校教育课程与认证系统对接的改革比其他国家足足提前了七年。

科系和学院的阶段性再造

改革并不局限在课程教学上，以此为起点，居尔松对学校科系和学院开始进行改革规划，第一步是依据伊斯坦布尔科技大学现行学院蓝本，新设立多个科系，包括：1997年设立了计算机工程系；1999年设立了人文社会科学系和分子遗传生物学系；2002年设立了造价控制工程系，同年，因土耳其家装市场迅猛发展，室内设计师的需求大增，居尔松审时度势地开设了室内设计系，着力培养室内设计方向的毕业生，以填补人才空缺，满足市场需求。在居尔松的领导下，伊斯坦布尔科技大学新开设了多个系及专业，其中1998年开设的有：冶金和材料工程专业；2002年开设的有：经营管理专业、室内设计专业、造价控制工程系、造价控制工程专业、机械工程系、控制工程专业、电子通讯工程系、电信专业、计算机工程系；2003年开设的有：经济学系、冶金和材料工程系、制造工程专业、纺织品工程系、时装设计专业、纺织品开发和市场营销专业、电力工程系、IT信息工程专业、海洋运输业务工程专业、船舶机械业务工程专业。

居尔松所领导的伊斯坦布尔科技大学十几所学院改革中，有三所学院的改革进展十分顺利，并且成效显著，这三所学院分别是：社会科学学院、信息工程学院和能源学院。

社会科学学院成立于1982年，是一所年轻又富有朝气的学院，学院的教师和学生都与这所学院一样有着蓬勃的生命力，向着居尔松指向的改革目标坚定前行。在居尔松和学院师生的共同努力下，社会科学学院里各学科的研究和教学逐渐步入成熟，学院里优势学科和科研项目的国际影响力显著提升。

在学科教学方面，居尔松建议，将基础学科分为传统和新增两类，对于传统学科，如艺术历史、音乐、法律、政治以及气象与天文学等，居尔松引入了当时先进的教学方法，采用互动式教学，同时针对市场变化和需求进行调研，并将旅游学、楼房与地震学、经营管理学等新科目，添加进社会科学学院的研究生和博士生教育教学的课程中。

在学科教学内容和师资建设方面，居尔松让学院多开设与基础学科相关联的课程，以丰富学生的知识储备，充实学生的知识体系；学院共有两位博士生导师、13位科研副教授和一位教授。同时居尔松组织学院教师开展学科领域的高校交流活动，定期邀请国内国外的知名学者和专家来学院研讨和交流，这不仅使得社会科学学院的教学人员能在专业知识和教学水平上得到一个良好的提升，也能更加多元化地充实学校的师资队伍,为增强社会科学学院的教育教学力量夯实师资队伍的基础。

居尔松担任校长期间，伊斯坦布尔科技大学社会科学学院的学科专业，共招收了530名硕士研究生和博士研究生，改革成效不但体现在了社会科学学院的招生工作上，而且体现在学院教学团队的管理上。教学团队的管理是居尔松更为重视的环节，团队管理方式和团队组织的重新调整，让社会科学学院的工作效能有了大幅度的提升，尤其是居尔松主抓的人文科学和艺术两方面的工作。

除了现有基础课程的调整之外，居尔松更加关注硕士专业和博士专业的设置及教育教学状况，在社会科学学院改革期间，共设置了13个硕士专业和4个博士专业。这些专业学科是：艺术史硕士专业、土耳其音乐硕士专业、经济学硕士专业、管理运营设施硕士专业、地质学硕士专业、音乐二级教育硕士专业、工商管理学二级教育硕士专业、管理及技术指导二级教育硕士专业、经济管理类律师二级教育硕士专业、科技与政治类律师二级教育硕士专业、科学与社会学二级教育硕士专业、旅游设计与导游二级教育硕士专业、气象天文管理学二级教育硕士专业以及管理学博士专业、艺术史博士专业、音乐学与音乐理论博士专业、声乐博士专业。

居尔松一直坚信，伊斯坦布尔科技大学社会科学学院的使命是：发展多个具有国内国际高水准的社会学科，这些社会学科具有先进性，能对其他学科的研究及实践起到指导作用；这些先进的社会学科具备高质量的教学方法和教学内容，能不断提高自身教学水平，并获得国际社会的肯定和认可；这些先进的社会学科不仅能培育出优质的毕业生，更能加强与其他学科间的互动，促进土耳其及其他国家的专家和学者在相关学科领域的交流与合作。在居尔松的努力下，学院组织的一系列专题讨论会、讲座、研讨会都产生了良好的反响，学院的社会传播力得到增强，影响力也在逐步扩大。

与社会科学学院有所不同的是，居尔松对信息工程学院的改革，需要更多考虑如何让改革内容与科学技术变化相适应。上世纪90年代末，互联网技术的发展十分迅猛，计算机开始向大众逐渐普及，信息化时代的大趋势已开始显露。居尔松自然不会错过这一发展契机，为应对计算机和互联网技术发展的机遇和挑战，响应学校网络建设、实验室信息处理和工程学模型建设的需要，成立了信息工程学院。

在教学科目方面，居尔松根据实际运用和理论研究两个不同方向，将信息工程学院的教学科目主要分为两类：第一类是理论性研究科目，旨在培养优秀的实验人员或科技发明者；第二类是非理论性研究科目，着力培养能够对信息技术熟练运用和开发的专业人员。

针对两个类型研究科目的特点，居尔松分别制定了教育教学的方法。在第一类理论性研究科目方面，学院的教育教学更加侧重计算与工程学（HBM）领域，并在计算机功能不断改进的情况下，将理论教学科目拓展到新的领域，如混沌动力学、全球气候测量与建模以及生物信息学。新领域的拓展，使得信息工程学的进程规划从根本上发生了改变，教学方法和教学内容都有了非常大的调整，不再从纸面上进行成年累月的计算和绘图，而是通过计算机软件进行建模操作，更加立体和直观地进行教学和学习，因此，居尔松更加重视培养学生具备娴熟的计算机及其专业软件的应用能力。

在2001年，居尔松将国家计划基金引入信息工程学院的改革中来，国家计划基金的资金投入，推进了计算机与工程学等相关学科的发展和完善，更重要的是，这笔资金的运用还为六个硕士研究生专业的发展带来了更大的机会，特别是计算与工程学、计算机科学和卫星通信与远程侦测，这三个硕士研究生专业的改善力度和发展速度最为突出。

在第二类非理论性研究科目方面，居尔松为信息工程学院申请开设了四个硕士研究生专业，其中最先开设也是最重要的专业是知识技术专业。在课程设置和知识体系建设层面上，居尔松强调知识技术专业不仅仅是让学生获得科学技术领域的入门理论知识，更需要让学生了解各种应用技术和熟练运用专业技巧，能在毕业后马上投入到实际工作中，将知识和专业技能发挥出来，转化为实际工作能力，满足市场需求。

1990–1996年间居尔松一直担任土耳其科学技术研究理事会

科学委员会委员，深知土耳其在国际上具有较强竞争力的领域是建筑工程，而信息技术在建筑工程领域具有规划性和指导性的作用，因此加强信息技术的运用，大力支持信息工程学院的改革和发展，也将间接地给予伊斯坦布尔科技大学的建筑工程学以助力。信息工程学院自身的发展，学院内信息系统设计与相关专业教学水平的提高，能为其他专业提供开放的信息资源分享平台和强有力的技术力量支持。除此以外，居尔松也不忘信息工程学院最主要的任务，她着力为信息工程学院引入社会和国家支持项目，联系企业的技术发展合作，建设可视化实验室，以及组建特殊设施和器材专业班。居尔松竭尽全力地创造硬软件条件，其目的都是为了信息工程学院这个最主要的任务，即培养互联网高端人才。

伊斯坦布尔科技大学能源学院成立于2002年，学院专业领域包括传统的不可再生能源、可再生能源和核能的实验研究，以及对能源的规划与开发。石油、煤炭、天然气、核能、电力等传统能源的研究仍在能源学院中占有重要比重，但是针对生态环境的不断恶化、石油泄漏之类环境污染事件的频发等情况，居尔松在能源学院开设了可再生能源工业专业、清洁能源设备装置的设计与生产专业。

在伊斯坦布尔科技大学能源学院中，居尔松十分重视能源科学与技术专业的改革和发展，这个硕士专业的设立，主要为了满足能源开发及运用的巨大需求，目前土耳其的经济发展十分迅速，随着土耳其的经济增长，能源的开发和运用，能源开采设备的设计、制造、维护，都需要大量的专业人才，而这个基础能源专业培养的正是国家所需要的能源工程师与设计师。

能源科学技术正飞速发展，为紧跟能源科学技术的更新步伐，居尔松指导能源学院在学科教育的内容和实验项目，以及环境问题研究方面都进行了调整和改进，并针对能源科技问题，鼓励和支持学生通过实验，探索和发掘出更多新的解决方案。

在改革中挣脱困局

在居尔松对伊斯坦布尔科技大学的架构中，评估是检验的重要方式。居尔松认为新评估工作既是学校教育教学改革的最终目的，又是学校教育教学改革的推动力。

为了完成2001项突破性项目和2005项新领域课题的评估审核工作，居尔松研究对比了其他国际性大学改革的大量案例和模型，从中取长补短，并针对伊斯坦布尔科技大学自身的优势和具体情况，采用了持续质量改进模型（SKGM）。持续质量改进模型的特点在于，能最大限度地发挥伊斯坦布尔科技大学的强项，弥补伊斯坦布尔科技大学的不足，并且能灵活多变地加以实施。居尔松认为在一个竞争的环境中，要达到学校改革的预期目标，必须有实施持续质量改进模型的决心，这不仅需要由作为伊斯坦布尔科技大学校长的她提出持续质量改进模型的领导理念，校改革小组制定出改革方针计划，全体师生坚决贯彻落实，更需要有精心的组织管理和增进的改革后续力量，才能保证预期目标的达成。

持续质量改进模型在居尔松看来，最大的优点是要求教育教学改革不再像以前那样只专注于课程专业本身，而是将关注焦点集中于课程的产出效果，是对系统投入和产出的重新判定，从而调整和改革院系与专业的设定。持续质量改进模型具有操作指导性和示范性，同时又能对实施结果不断进行剖析和总结，并能有效地将反馈总结增补进系统后加以灵活运用。在这一“实施、总结、反馈、再实施”的循环过程中，反馈和新补充进入系统模型的内容会起到至关重要的作用。

当改革指导方案和实施计划逐渐成形之际，居尔松开始多方筹措资金，因为当目标、计划都已确定的情况下，方案启动的切实基础便是足够的资金支持。20世纪末，土耳其政府对高等教育的财政预算只有GDP的1%，然而随着学生人数的持续增长，各大学资金缺口极大，其中也包括伊斯坦布尔科技大学。土耳其投入到每个学生身上的教育金额至多3000-4000美元，而在美国或其他发达国家，这一数字可达到20000-30000美元。单从教育资金投入量来看，差距是很大的。特别是土耳其的一些老学校，想要用少量的资金解决教育教学改革这样庞大的问题，是根本无法做到的。如果不能得到所需资金，居尔松前期的辛劳都将会付诸东流。

为保证学校各项改革工作持续、快速地推进，拓宽伊斯坦布尔科技大学的融资渠道，为学校的改革和发展提供有力的资金保障，居尔松和学校领导层反复讨论，决定成立伊斯坦布尔科技大学资金筹措小组，并由居尔松领导，统一组织和协调学校的资金筹措工作。其中校资金筹措小组的职责如下：

1.由居尔松领导资金筹措工作，研究部署资金筹措的策略和方案，制定相关的管理制度和奖励办法，拓宽筹资渠道。

2.组织向土耳其国家教育部门争取各项基建经费。

3.研究当前学校资产运作的方案，保证学校资产的高效使用，避免资产的闲置和浪费。

4.审议和实施向企业、校友等募集捐赠的方案。

5.积极联系银行贷款。

6.探索其他融资方案。

校资金筹措小组下设四个团队：银行贷款及事业经费筹措团队；基建经费筹措团队；资产运作团队；募捐团队。

校资金筹措小组采用例会和临时会议的工作方式，原则上两周开一次工作会，汇总各团队工作进展的情况和相关信息，根据实际情况，再研究下一步工作。每学期校资金筹措小组各团队向校长居尔松汇报取得的成绩和存在的困难。

伊斯坦布尔科技大学桃李满天下，走出学校的学子们在成功之后拥有一颗迫切回报母校的拳拳之心。居尔松顺应了这种吁请，开始稳妥地筹集来自校友的资金，以期实现改革的各项目标。德米雷尔总统亲自出面邀请校友捐款，起到了巨大的号召作用，强化了伊斯坦布尔科技大学在全球的影响力。学校的筹款项目被呈报给了校友，从而保证资金使用的公开透明，各有所用。在八年的任期内，居尔松筹集的基金超过8000万美元，并从政府为学校的研究项目和基础设施筹措了6000万美元的额外预算。

事实证明，居尔松领导的资金筹措工作小组是支持学校改革的高效输血系统，不仅在学院和科系的改革上提供了大量的资金赞助及个人投资，而且在学校硬件设施的改善方面，仅居尔松牵头组织的一次募捐活动，就为学校筹集到了可观的建设资金，该笔募捐款被作为学生宿舍楼建设的专用资金，在伊斯坦布尔科技大学新建了五栋设施完备的宿舍楼，可容纳3000名学生。

伊斯坦布尔科技大学建筑学院内部一角

伊斯坦布尔科技大学会议楼

伊斯坦布尔科技大学教学楼一角

伊斯坦布尔科技大学实验室1

伊斯坦布尔科技大学实验室2

伊斯坦布尔科技大学校园一角

伊斯坦布尔科技大学游泳馆

本科向硕博深度扩展的教育教学改革

居尔松深知改革对伊斯坦布尔科技大学意味着什么，也相信只有按持续质量改进模型建立改革系统，安排和设置课程量，开设学院和科系，乃至奖学金、住宿、伙食、环境、图书馆、运动、文化氛围、教室和实验室环境的重新测评和改善，伊斯坦布尔科技大学的教学质量才能真正得到改善，并向着一个系统化的方向发展，这样才能让伊斯坦布尔科技大学朝着世界卓越大学方向快速成长。

伊斯坦布尔科技大学在持续质量改进模型的指导之下进行改革，居尔松同校董事会高层管理者、学院各系教授和学生工作管理层，多次对该模型的运行情况作鉴定和评估。

伊斯坦布尔科技大学的行动很好地诠释了评估认证与持续质量改进模型之间的关系。以评估认证为实现目标而成功建立起来的发展模式，能持续获得周期性的外界评价和认可。

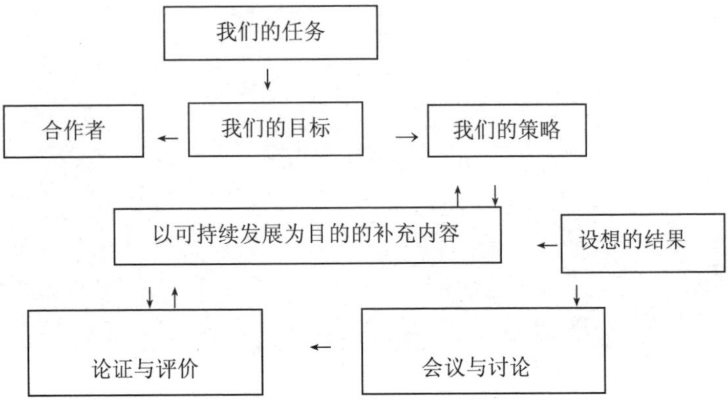

持续质量改进模型（SKGM）

教学质量评估系统在本科生教学中再次进行了尝试，居尔松为此和校管理层、各学院学科教师和学生工作管理人员一同进行了大量的检查和准备工作。当确认持续质量改进模型的良好运行效果后，居尔松与校教务委员会商议通过了一项决议，即此套优化过的持续质量改进模型将不限于本科生教育教学，同样适用于大学中的硕士生和博士生的教育教学。在持续质量改进模型系统实施后，将采用循序渐进的方式，取代过去的硕士生及博士生教育的老规章制度及运行系统。

在提高硕士和博士毕业生的专业素质方面，居尔松和校教务委员会讨论，认为在硕士和博士的教育教学改革中，特别是硕士和博士文凭的审核过程中，需要增加一些特殊考核标准。硕士毕业生文凭获得的特殊考核标准包括：1.必须熟练掌握一门实验，包括从制订计划、进行实验、获得结论，到能进行反复实验的专业技巧，或体现出在工作领域能够深入详细地了解和掌握与现代社会发展相适应的知识以及知道如何将所学的知识运用到实践中去。2.能够将一门实验的结果写成一份科学报告，并能将该份科学报告提供给外界以及懂得保护自己的知识产权。3.能够在任何一个实验项目中运用所学知识，在实验方向上做到紧锣密鼓地筹划并进行正确的分类。4.在团体和合作实验中，了解和掌握该实验在道德、原则以及文化方面将会产生的影响。5.在竞争激烈的领域要懂得不断提高自己的专业水平。6.懂得如何运用现代科学方法、工具和技术来解决问题。7.熟知原则化的工作方式。

博士文凭获得的特殊考核标准包括：1.在一门独创性的实验中能够熟练地掌握从实验设计、进行实验到得出结论的相关技巧。2.能够将所获得的科学实验结果在国际性的科学期刊上发表，并且知悉如何保护自己的知识产权。3.了解并熟练掌握科学实验技术，能够独自完成和指导实验。4.在主攻领域以及有关的原则性问题上能够深入地了解和掌握相关的知识。

这些特殊规定的形成，是由于伊斯坦布尔科技大学的硕士生和博士生不仅有繁重的课业压力，更有着各项专业性实验活动，这些实验在一定程度上分散了学生的精力，因此居尔松不断尝试新的改革方法，目的在于减轻学生的负担和试验项目的压力。她陆续将各个实验项目的评估纳入新系统中来，让硕士生和博士生的教育教学与持续质量改进模型系统能有一个完美的融合。

伊斯坦布尔科技大学建立起的这套持续质量改进模型系统是以美国工程技术评审委员会ABET EC2000标准为依据的。美国工程技术评审委员会ABET EC标准与更早的ABET标准相比较，应用面更加广泛。所获得的ABET EC2000学位国际认证，使得伊斯坦布尔科技大学不但具有区域性的辨识度，更能在全球范围内提高其知名度和美誉度，也能有效地增强毕业生在更广阔的工程领域得到认可并获得工作及发展的机会。

国际评估认证的成功接轨

伊斯坦布尔科技大学改革与创新的步伐在居尔松的领导和鞭策下持续加快，从1996年开始，居尔松在伊斯坦布尔科技大学担任校长期间，全球一体化的浪潮席卷世界。全球一体化趋势给伊斯坦布尔科技大学带来的最明显的影响，一方面是伊斯坦布尔科技大学所培养出来的毕业生，将在更为广阔的国际市场与不同国家、不同认证背景的学生进行竞争；另一方面，学生有着更为强烈的意愿，去寻找境外的学习和工作机会。这就需要学生在大学所取得的文凭，必须被国际认可，才能拥有国际竞争力。特别是工程学专业的毕业生，在全球化技能的要求上，显得尤为突出，因为工程学专业人员或工程师在各个国家，尤其是在欧盟国家之间具有灵活的流动性。居尔松深刻地认识到全球化对当下教育体制和人才培养方式的冲击，从1996年开始担负起领导伊斯坦布尔科技大学职责的那天起，她就不断强调，学校的任务是“培养有竞争力的毕业生”。

培养出在国际市场有竞争力的毕业生，意味着对毕业生有明确的素质标准。居尔松希望伊斯坦布尔科技大学的毕业生在获取知识和提高能力的同时，还能迅速适应市场形势的变化。当下，信息知识领域每天都在快速发展，科技快速向各个方向延伸，全球市场生产过程面临的污染问题，资源开采面临的难度增加，每个地区、领域的情况和问题都呈现出复杂性和综合性，并且快速地变换形式和继续发展，在此时代背景下，居尔松不遗余力地倡导伊斯坦布尔科技大学的学生要持有一种全球化的眼光，以一种更加开阔和多元化的思维模式思考未来，不断创新，适应变化，以获得国际化人才的竞争力。

居尔松任校长期间，伊斯坦布尔科技大学的师生在她的带领下，强化了国际化人才竞争力的意识，更加懂得了唯有具备独立自觉的学习习惯、问题解决能力、批判和创造性思维、热衷团队合作、较高的书面和口头表达能力，以及全球化视野，才能成为21世纪毕业生中的佼佼者，推开理想和光明的大门。

1999年居尔松在德米雷尔总统授奖典礼上

在改革创新思想得到全校师生广泛支持的情况下，居尔松开始推进伊斯坦布尔科技大学本科生和研究生教育系统在各个院系的第二次深入改革，其中包括先后开设2001项课程专业，并重新制定了2001项课题项目的管理方案及其所有细节，这些课程专业运行良好，不仅给了居尔松一粒定心丸，同时也成为她加快改革的动力。居尔松与校董事会商议，教学整体方案由双许可证、学分制组成，而所有院系随着改革新思想的引进，教学改革对象不仅仅针对教员和学生观念，还包括学习课程、教学方向，甚至包括奖学金、住宿、伙食、环境、图书馆、运动、文化氛围、教室和实验室环境、注册记录、辅导咨询和其他方面。为了使方案具备持续的有效性，居尔松在1999年将持续发展型本科教育正式升级，奠定了高质量的改革创新系统基石。

加快推进伊斯坦布尔科技大学的改革，并使之形成一个完整体系是十分必要的，因为只有形成一个完整的改革体系，伊斯坦布尔科技大学所颁发的文凭才能被国际认证机构认可，从而促使毕业生在国内乃至国际市场获得无形支持，并更为迅速地被接纳和肯定，从而取得成功。为此，居尔松对其他高校的改革进行了考察，并对各种改革计划和改革方案进行了可行性分析，为了实现伊斯坦布尔科技大学合法取得国际认证机构的文凭认可，居尔松研究了欧洲多家著名认证机构及其通过条件，她希望在自己的校长任期内对伊斯坦布尔科技大学进行全面改革，以获得国际认证机构的文凭认可，扩大伊斯坦布尔科技大学的影响力，完成从教学内容到教学水准的一个质的飞跃。

居尔松认为伊斯坦布尔科技大学自身的改革不仅有利于培养

出具有国际竞争力的毕业生，另一层面上，改革后获得国际认证机构文凭认可的伊斯坦布尔科技大学，当优秀学生在升学择校时，学校是否取得国际认证是影响他们作出选择的重要因素，这对高校来说也是自身竞争力的有力保障。2000年，美国开始实施工程师标准2000（EC2000-Engineering Criteria 2000），而此时伊斯坦布尔科技大学已在居尔松的带领下有了崭新的面貌，并向美国工程技术评审委员会（ABET）提出评估申请，而作为著名国际认证机构的美国工程技术评审委员会顺利接受了对伊斯坦布尔科技大学进行评估认证的申请。

居尔松反复思索如何增强伊斯坦布尔科技大学的优势，分析土耳其国家目前的市场需求和变化，以及教育部对大学的期望。居尔松将EC2000持续改进模型在伊斯坦布尔科技大学予以实施的同时，将学校改革向着一个完整的系统方向推进。美国工程技术评审委员会ABET EC2000评估准则刚出台不久，在美国境外试点项目中只有两所大学运用此评价系统“Substantial Equivalency”。尽管如此，居尔松还是为伊斯坦布尔科技大学准备这次评估付出了很多心血，2002年美国工程技术评审委员会ABET接受了居尔松领导的评估小组提交的12项工程专业资格的预审报告，高度赞扬了伊斯坦布尔科技大学所作出的成绩，并计划在居尔松校长的陪同下参观校园。由于正逢伊拉克战争期间，预计于2003年3月进行的参观活动推迟至同年的10月13日至15日。美国工程技术评审委员会ABET的这次参观包含了12个专业，分别如下：化学工程、冶金材料工程、食品工程、工业工程、飞机工程、航空航天工程、机械工程、纺织工程、采矿工程、物探工程、造船工程和航海技术工程，以上

12个专业获得了美国工程技术评审委员会ABET颁发的为期六年的认证资格。

除了这12个专业之外，还有八个专业在居尔松的努力推动之下完成了评估的准备工作，并向美国工程技术评审委员会ABET提交了初步评估报告，这八个专业分别是：建筑工程、环境工程、大地测量学和摄影测量工程学、石油与天然气工程、地质工程、电力工程、计算机工程和电子通讯工程。这八个专业的评估认证工作持续了一年的时间，在2004年圆满完成。

在美国工程技术评审委员会的评估工作正在进行的过程中，伊斯坦布尔科技大学海洋学院也与另一相关评估机构启动了评估工作。海洋学院的两个系分别得到了国际海事组织（IMO）的评估认证资格；而建筑系和区域与城市规划系也申请启动了国家建筑认

2004年5月建筑专业博士研究生毕业典礼

证委员会NAAB和规划评审委员会PAB的评估认证。为了与国际化接轨，提高学校毕业生的国际资质认可，居尔松还向工程类专业以外的评估机构——欧洲大学协会（EUA）提交了申请，欧洲大学协会的评估委员会于2004年3月首次来访伊斯坦布尔科技大学并作了深入的考察和评估。

管理工程是获得美国工程技术评审委员会ABET最新认证资格的工程专业，居尔松投入了大量的精力在这项工程专业的评估准备工作上，当管理工程如期拿到资格认证时，伊斯坦布尔科技大学其他学院的专业都陆续开始了评估认证的准备工作，居尔松此刻的工作量较之前已经增加了不止两倍，每天不仅要研究各项评审框架材料，与校各学院教师商讨课程改革、院系改革的思路，听取改革或新开课程的教学反馈意见，更要跟踪新学院和科系的运行效果并作出调整，但为了伊斯坦布尔科技大学能通过国际审核，拿到美国工程技术评审委员会的认证，居尔松认为付出的这一切都是值得的，因为这是她身为伊斯坦布尔科技大学掌舵人，应该为学校前景作出的努力，更是为学校学生培养和就业应尽的职责。

居尔松的使命感给了她在工作上无穷的动力，如一只陀螺没有停下来的时候一样，学校的每一件事都装在居尔松的心里，填满了她的整个生活。废寝忘食地工作，让居尔松赢得了全校师生的尊重和赞誉，但是也让疼爱居尔松的阿赫麦特十分担心，阿赫麦特再三嘱咐居尔松注意身体，同时也很现实地告诉她："你努力争取到的认证使学校成为了一所国际水平大学，使建筑和工程系得到了美国体系中对应院系的认证。这些对学生们是有巨大的益处的，学生能通过拿到学士学位或者博士学位资格证去到向往的美国继续深造或工作，但学生受益于此的时候，他们丝毫没有想过：这一切都是谁的功劳，而且在你之后的校长也许不会提及你为此作出的巨大努力和付出。”

即使如此，居尔松还是一如既往地投入到准备评估和学校改革的工作中，没有丝毫懈怠，因为她是发自内心地热爱伊斯坦布尔科技大学，热爱这里的学生们，希望通过自己的努力给这所她钟爱的学校带来更加光明的前景，也希望自己的付出能为这里的学生塑造一个更加美好的未来。

看到居尔松忘我地工作，阿赫麦特也竭尽所能地帮助她。阿赫麦特为学校建立新学院四处寻找和联系赞助，为居尔松举办的各

2004年伊斯坦布尔科技大学年会

项活动款待客人，包括教育专家、社会名流、评估专家等，为居尔松邀请的交流学者和外聘咨询专家安排宴请和住宿。阿赫麦特知道居尔松是如此珍爱着伊斯坦布尔科技大学和这里的师生，深爱着居尔松的阿赫麦特能为她做的就是共同努力，协助她进行学校的各项改革，尽快完成学校的评估工作，这不仅是学校发展的正确方向，更是居尔松作为伊斯坦布尔科技大学校长的最大心愿。

卓有成效的改革

居尔松从1996年到2004年担任伊斯坦布尔科技大学校长的八年期间，为伊斯坦布尔科技大学申请和完成了多项国际资质认证，她从国际化的视角，以国际机构评估准则为指导，借助持续质量改进模型，定位于实践能力和创新能力的培养，遵循培养“具有国际视野、基础扎实、实践能力和创新能力强的专业领域精英人才”的理念，实现了伊斯坦布尔科技大学阶梯式的改革，成功地从注入改革创新思想开始，对教学课程进行了先导性的改革，进而推广至科系和学院的阶段性再造，发展本科向硕博深度扩展的教育教学改革，即使改革陷入困局，居尔松也从不放弃，最终圆满地完成了与国际评估认证的成功接轨，将伊斯坦布尔科技大学的教育教学水平推进到了一个新的高度。其中，由居尔松领导的伊斯坦布尔科技大学数项改革中最有代表性的、最能体现成效的改革指导思想和改革项目如下：

首先，为获得国际资质认可，居尔松引入了美国工程技术评审委员会提出的八个基本原则，作为教育教学的指导思想，这八个基本原则的内容分别是：学生工作（登记，测试，咨询等）；教育目的；项目产品，测量，评估；专业；教学人员（教育，经验，参加职业机构培训等）；基础设施（教室，实验室，信息系统等）；教育资金支持以及项目准则。

居尔松用这八项基本原则作为学校教育教学的改革方针，指导具体工作的开展，例如在学生工作的改革实践中，根据伊斯坦布尔科技大学的实际情况，着力注意四个方面的内容：

一是招生和奖学金制度改革。伊斯坦布尔科技大学以培养具有区域和国际竞争力的学生为宗旨，只招收最为优秀的学生。为吸引优秀人才，伊斯坦布尔科技大学对学生奖学金制度进行了改革，由原先的三个等级增加到了五个等级，尤其是在高考中名列全国前2000名的学生，在进入伊斯坦布尔科技大学后，在获得奖学金的基础上，住宿费将全免。

二是在学生报名程序上的调整。学生的报名手续和流程要求向集中化、简洁化和方便化方向转变，为适应网络的普及和运用，部分发达地区的学生可以采用网上报名的方式，同时通过网络也能及时获取报名院系的详细信息。考虑到地区移民，学校也采取了相应的便利措施，这有利于国外学生报名申请。

三是咨询。在校的每位学生在遇到有关学术、社会以及其他方面的问题时，可向咨询老师寻求帮助，学校为学生的各项需求安排了特定的咨询老师，为其答疑解惑。学生工作处则对“咨询规定”进行修订，将常见问题和特殊问题进行归纳、分类、整理和归档，不断补充和更新问题的解答内容，细化咨询类别和内容，完善咨询系统。

四是增强与毕业生的社会联系。伊斯坦布尔科技大学的毕业生在土耳其的各个行业，特别是在工业企业、基础设施建设行业和国家管理部门里，发挥着影响力，但在1996年以前，伊斯坦布尔科技大学的毕业生在踏出校门的那一刻即离开了学校，与学校的联系很少，不管是学校或者是在校生，都很难从这些毕业生的成就中受益，而对于与母校有着深厚感情的毕业生来说，联系的缺失也让他们十分感伤。

自1996年居尔松执掌伊斯坦布尔科技大学开始，一直致力于与本校毕业生建立多方面的有机联系。1996年后，毕业生们对学校的改革不仅提供了巨大的资金支持，还积极地参与到学校和院系的具体改革工作中来，帮助解决问题，献计出力，同时帮助在校学生进行毕业考评，为在校学生提供实习机会。在土耳其各个不同地区，毕业生们都对伊斯坦布尔大学的形象塑造和正面宣传起到了不小的正向作用。

其次，为适应全球化的需要，居尔松大力推行“双语教学”，从她上任的第二年开始，伊斯坦布尔科技大学全面使用双语（土耳其语和英语）教学，教育内容的30%是英语。而与此紧密相关的“基础英语教育项目”也成了所有本科生的必修课。

伊斯坦布尔科技大学外语学院于1960年成立，在1983年因研究生数量的增加，开设了一年制“基础英语教育项目”。在1996年之前，这些项目是本科生的选修课，但在居尔松实行双语教学改革后，要达到30%的英语课程，学生需要接受外语学院一年的本科教育。基础英语教育项目分为基础英语和高级英语两个大类的课程，这两个类别的课程，根据学生的不同英语水平，为学生设置了不同的教学内容，同时开设了相应的读、写和理解等训练课程。

在基础英语课程方面，考入伊斯坦布尔科技大学的学生在入学时都须参加英语水平测试，根据考试结果确定英语水平等级。未通过的学生需要接受为期八个月的基础英语强化训练。根据学生的不同英语水平，新生被分为四个小组。每个学年，本科生须在每个教学周接受16–28个小时的英语教育和训练。一般考入伊斯坦布尔科技大学的新生，在入学英语水平测试中，会有50%的人通过英语水平测试，然后直接进入系里进行专业学习。剩下的未通过英语水平测试的另一半学生，则进入基础英语班学习。居尔松安排了约150名教师，专门从事基础英语的教学工作，其中有30名是以英语为母语的教师。每个学年结束的时候，完成基础英语学习的学生，会有100–150名被随机抽出参加TOEFL考试或参加基础英语通过测试。

在高级英语课程方面，仍需达到30%的英语课程比例，学生在基础英语班的基础上，进一步提高英语的读写能力。针对学术型专业对英语的写作要求，高级英语课程为学生开设了包括英语基础写作、英语论文写作、英语调查方法写作和英语技术论文写作等课程。

特别是2000年后，居尔松为加快提高英语教育的标准和质量，引入国际教学方法，并与美国康涅狄格州立大学合作，对英语教学进行改革。2000年7月13日，伊斯坦布尔科技大学外语学院变更为由校长办公室直属领导，居尔松让外语学院从原址迁出，搬进了玛奇卡园区，园区内为外语学院的教员、讲师、管理层、行政人员以及学生们开设了食堂和咖啡厅。外语学院的硬件设施也得到了加强，教室增至72间，放映室增至九间，同时还配备了最新的电脑系统和设备，并为TOEFL班分配了四个电脑机房。

再次，在本科生教育教学改革取得预期效果后，居尔松立即将改革向硕士研究生和博士研究生教育深入，并实施了“2001飞跃计划”，重新修订了硕士研究生和博士研究生的教育项目，包括教学设施、物质基础和运行机制，其中最为突出的变化是居尔松与校领导层研究商议后，把五年制的欧洲高级工程师教育模式，改为四年制本科加两年制研究生培养模式。促成这项年制改革的另外一个重要因素是“否定”法则的提出。“否定”法则提出前，以基础学科为主的研究生教育，不能够充分解决不同学科之间的交叉融合问题，因此在补充涉及本学科以外领域的专业知识时会遇到阻碍。居尔松同伊斯坦布尔科技大学委员会领导经过综合考虑，修正和重新提出了“否定”法则。

在本科教学改革中运用并取得良好效果的持续质量改进模型，被运用于硕士研究生和博士研究生的教育教学改革中。持续质量改进模型是在美国工程技术评审委员会的工程师原则2000（EC2000）的基础上建立的，并且在世界范围内被广泛认可。研究生教育按照可持续发展模式进行改革之初，居尔松就组建了一个“测量评定委员会”，以核查属于同系但不同学科的项目，避免出现重复建设的情况，为此搁置了所有在案的硕士和博士教育项目，并于2002年研究生教育教学改革成功后才重新启动。重启后的研究生教育项目在持续质量改进模型的系统内运行良好，课程之间的有机联系和合理衔接得到加强，新知识、新理论和新技术在教学内容中得到充实，课程的设置实现了模块化和系列化，既能够重视研究生培养的共性和基础性，又能为研究生的个性发展和专业研究提供足够的空间。

最后，为了协调学校内部的相关认证工作，向参议院提出有关认证方面的意见和建议，同时推进与国际认证组织的联系工作，居尔松组建了伊斯坦布尔科技大学参议院认证委员会。参议院认证委员会成员由每个学院推选出的一名教师和校长办公室派出的两名代表共同组成，第一届参议院认证委员会主席由居尔松担任，之后参议院认证委员会的主席每三年选举一次，候选人从参议院认证委员会现任成员中产生。伊斯坦布尔科技大学的各项国际认证工作均由各个学院和参议院认证委员会共同协作，并落实完成。

1998年与德米雷尔总统为新址剪彩

参议院认证委员会的成员，因与国际认证组织联系的工作需要，会被派往相关国家或参加各项研讨会，这时会员的主要工作是准备、收集、记录和整理好各类相关认证材料或研讨会发言，一方面分发给参议院认证委员会其他会员，留作参考；另一方面备份给正在准备申报认证的学科或学院，以作指导之用。

除了以上卓有成效的改革之外，在居尔松执掌伊斯坦布尔科技大学这八年间，她对每一项工作都投入了心力和汗水，她所整体设计的改革方案，充分体现了人才培养目标和规格与经济社会发展需求、人才培养模式、课程体系及教学内容的契合度。同时，结合伊斯坦布尔科技大学的办学实际、特点和优势，居尔松把学校教学改革的成果，又进一步融入到新的培养模式中，固化到教学过程和人才培养过程，以达到培养具有国际视野、基础扎实、实践能力和创新能力强的专业领域精英人才的目标。

改革进程中的“蜂王”

从1996年开始，伊斯坦布尔科技大学踏上了改革之路，作为校长的居尔松一直是这条改革道路上的“领跑人”，带领着全校师生不停地“奔跑”，带领着伊斯坦布尔科技大学朝着一所高水平国际性大学的目标“奔跑”。更为不凡的是，居尔松这位“领跑人”，是伊斯坦布尔科技大学有史以来的第一位女性校长。因此，居尔松获得了另一个称呼“蜂王”，这一称呼既是对居尔松勤奋付出的肯定，也是对她作为一名真正的领航者，始终立于改革潮头，从理论到实践都有佳绩的褒奖；同时也蕴含着对她居于领导地位的尖锐态度。

即使作为世俗国家的土耳其，相对于其他伊斯兰国家来说更具开放性，但男性仍是社会和生活的主导力量，土耳其女性的地位和自主权利与男性相较，不可同日而语。因此，居尔松所持有的伊斯坦布尔科技大学首位女掌门人的身份，自然对传统文化和男性权威构成了挑战。

最能体会到居尔松为学校发展所付出的辛劳的人是阿赫麦特·萨拉莫，作为居尔松的丈夫，他既是居尔松工作上的好伙伴，更是居尔松婚姻生活中的依靠。居尔松与萨拉莫两人携手走过了几十年的风风雨雨，从1969年结为连理开始，无论在工作上发生什么事，萨拉莫总是给予居尔松最坚定的支持；在生活上，萨拉莫也尽量体谅居尔松，特别是在1992年居尔松担任校长助理后，忙碌的她再难有时间为阿赫麦特亲手做一次晚餐。

受到影响的不只是丈夫阿赫麦特一个人。在儿子读高中的时候，居尔松经常问他："我上班了就没空陪你，你会不高兴吗？"儿子每次都会说："不会啊，恰恰相反！当别人问我的时候我都会说我妈妈是大学教授。我对此感到很自豪。"然而，很多年过去了，当居尔松行将离开校长岗位的时候，儿子却满怀委屈地对居尔松说道："小时候，我每天放学回家你都还没下班，每次我回去都是家政奶奶照看我。其实我是很需要你的，但是爸爸曾告诉过我，妈妈不仅仅是我的妈妈，这时候，我也能多少有所感悟了。"其实儿子一直对居尔松工作的繁忙心存芥蒂，但一直压在心底，多年以后才告诉她，居尔松除了伤心，还有一份无尽的自责和感动。"蜂王"几乎顾及了每一个人，却单单忽视了自己的儿子。倘若儿子小时候就跟居尔松说出这番话，居尔松肯定会更加重视他，更加关心他，乃至有可能放弃现在的一切，因为，在居尔松心里母爱如天！

如今，居尔松的儿子由于学业和工作原因已经在美国生活了20年并取得了不亚于母亲的成就，现在的他对居尔松当年繁忙的工作更多了一份理解和包容。

在土耳其，女性的影响力有限，大多数女性乐于留守在家庭，操持家务，虽然她们也在默默地协助丈夫工作，但在职场上，土耳其女性确实缺乏优势。在以男性为主导的社会中，女性难以深入其社交圈，获取更大的发言权和资源支持。男人们会组织一些女性不便参与的社交活动，也许是在蒸汽浴室，也许是在网球场，可能职场内的人事任命就已商议确定，使得女性还未发言就已失去表决权和被选举权。如果出现候选人是女性的职位竞选，即便这位女性具备相应的任职资格，男人们也能较为轻率地把她淘汰出局。因此，

2004年海员专业首届女研究生毕业典礼

居尔松付出的辛苦是一般人的十倍，不只是阿赫麦特·萨拉莫，多位伊斯坦布尔科技大学的男性领导都对居尔松的贡献予以赞赏，并十分钦佩她为学校改革所作出的巨大努力。

伊斯坦布尔科技大学教育教学改革的过程，也是居尔松作为大学最高管理者管理学校的过程。除了与改革相关的各项工作外，居尔松还必须管理好学校内部的各种关系，其中最主要的有两个：

首先是制约与激励的关系。制约和激励是管理大厦的两根支柱，这两根支柱必须同时发力，不能一强一弱，否则大厦就会倾斜甚至倒塌。居尔松在学校的管理工作中，一方面，制约机制做到了“密不透风”，即规章制度的健全；另一方面，激励机制做到了“疏可走马”，即给大家发挥主观能动性和创造性提供广阔的空间。居尔松同时扮演好了两个角色：在执行制约机制时“铁面无私”，敢于“管”；在执行激励机制时则“和颜悦色”，善于“奖”。

其次是原则性和灵活性的关系。居尔松十分坚持原则，坚持原则的目的只有一个，而达到坚持原则的途径和手段则多种多样，这就像古人所说的“一致而百虑，殊途而同归”。因此，居尔松在坚持原则的基础上善于变通，管理方法较为灵活，处理问题时善于思考，尽量做到因地制宜，因时制宜，因事制宜，因人制宜。

作为大学的最高管理者，相对于校长这一职务的身份和权力而言，居尔松更看重这一职务背后的责任，她在担任伊斯坦布尔科技大学校长期间，一直用“好校长”的标准来要求自己。在居尔松看来，“好校长”的标准有两个：一是看其任期内学校的事业是否比前一任校长更上一层楼；二是看其任期内学校的事业是否为后任校长打下可持续发展的良好基础。居尔松曾说道："做一任校长，不管有多优秀、多善于管理，总是要卸任的。卸任之后，最好的礼物就是给学校留下一套含有校长本人的智慧与经验的，且又行之有效的发展模式，使学校得以持续稳定地发展。我校在校长换届时举办了一次换届典礼，其中最美妙的时刻，便是我将校长这一神圣职务移交到新一任校长的手中。在这一时刻，我无比光荣和自豪。"而在伊斯坦布尔科技大学全校师生眼中，居尔松就是这么一位令人尊敬和钦佩的"蜂王"。

伊斯坦布尔科技大学教师学生足球友谊赛

当然，居尔松这位“蜂王”也带刺，当面对当下大学生乐于甚至过于参与社交或社会活动时，居尔松显露出伊斯坦布尔科技大学“蜂王”的锐利，不时提醒学生不要松懈对自己的要求，不要将过多精力投入到社交活动里。她曾严肃地教诲学生：“你们从来不是为了娱乐而来到大学学习的。你们都是为了攻读学位而来到这里的。你们认为，对于学业，你们一点责任都不用承担么？难道只是为了社会活动而来，其他的一切都高枕无忧么？”

尽管时有严厉，但居尔松爱着她的学生们，希望他们将学业完成到最好，伊斯坦布尔科技大学的学生被居尔松描述为“具备国际化视野，能够坚持不懈地发展自我，能拥有自己的知识产权，尊重不同文化、社会及伦理价值观念，有潜质成为出色企业家、发明家和领导者的，自信开朗的当代大学生”。为了她所爱的学生们，为了使学生们接受更好的教育和培养，居尔松作出过许多牺牲，即使遭遇再大的困难，她都保持着积极的心态。如果不是发自内心的爱，居尔松不可能在学校改革和争取国际认证的道路上，始终砥砺斗志，振奋精神，永不停步，勇往直前。

另外居尔松的“蜂王”面貌在女人特有的细腻和仔细上也多有反映。在伊斯坦布尔科技大学校园内，居尔松为学术和行政工作人员的子女建立了附属幼儿园、初中和高中，让他们的子女在自己所工作的良好环境中接受教育。这项成就带来了非常积极的作用，特别是对于女性学术工作者，这很好地解决了她们的后顾之忧。在居尔松任职大学校长的初期，她开始关注女性在学术生涯方面的平等问题，并在伊斯坦布尔科技大学努力实现性别比例平衡和推进性别观念。在退休之后她延续了对女性公平的追求，2006年，她成为

伊斯坦布尔科技大学学生巡礼

多个欧洲委员会创建的关于科学工程与技术方面性别公平的项目团队领导。因此，除了建筑学和高等教育学，性别公平也成为居尔松的主要研究领域之一。

除了风风火火的改革，居尔松的果断决绝和雷厉风行还体现在面对大灾难的惊险一刻。在1999年8月，伊斯坦布尔遇到了几乎毁灭性的打击，土耳其在三个月里接连发生了两次百年不遇的大地震，震级分别高达7.4级和7.8级。这次地震受灾面积达15万平方公里，主震后，余震活动频繁，密集分布在北安那托利亚断裂带上，长约200公里。地震的强烈振动和大规模的地表破裂，造成了极为严重的灾害。此次地震中，共有1.8万人丧生，4.3万多人伤残，倒塌房屋10万余间，近300万人无家可归，直接经济损失超过200亿美元。地震造成大面积呈线性的地表裂缝和碎块。尤其是第二次7.8级地震造成长达180公里的破碎带，水平和垂直错距都很大，引起地表沉陷、隆起、裂缝、液化等破坏，同时造成各地建筑物的大量毁坏。

天灾是一回事，人祸又让灾难进一步升级。在震后人们探究地震灾难缘由的时候，普遍认为建筑质量过差是造成地震发生时大片楼房倒塌、众多人员伤亡的主要原因。不少建筑承包商为了赚取更多利润而购买质量较差的建筑材料，并盲目追求施工进度，造成居民楼严重的建筑质量问题。

地震还使土耳其全国供电一度瘫痪，首都安卡拉前后停电达4个多小时，许多地方通讯网络遭到严重破坏，安卡拉通往伊斯坦布尔的公路多处出现裂陷，有些桥梁断裂。这一切给抢险救灾工作带来了意想不到的困难，致使地震发生后二十几个小时土耳其的救援部门仍无法与某些重灾区取得联系，救灾物资和器材无法及时运送到受灾严重的地点。夜幕降临了，还有不少人被埋在钢筋水泥楼板和墙体下面等待救援，人们很难想象他们怎样度过这漫漫长夜，连当时的总理埃杰维特也只得祈求“安拉”保佑他们。

当时，震中据伊斯坦布尔不足500公里，伊斯坦布尔位于亚洲的部分遭受重创，虽然伊斯坦布尔科技大学位于欧洲部分，但也受到了波及。

当地震发生伊始，面对灾难居尔松虽然也被深深震撼，但是，责任和使命感督促她赶快行动起来。一方面，她尽一切可能组织人员成立应急委员会，并努力和政府取得联系；另一方面，她责成专门人员清点学生数目，尽各种努力查找失踪学生，并安全、迅速地将学生护送到相对安全地区；此外，她还积极组织志愿者，在政府的指导下开展抗灾自救活动。数个日夜下来，居尔松已是人形憔悴，疲惫不堪，但是伊斯坦布尔科技大学的师生们安全了，获得了继续生活的希望。震后，居尔松顾不得休养，又牵头组织了建筑设计工作组专门设计震后重建房屋，制定相关建筑标准，以避免类似灾难的重演，从而保障国家和人民的生命财产安全。经过一年的努力，土耳其很快从大灾难中复苏过来，开始了重建，这里面也有居尔松一份不可磨灭的贡献。

正是居尔松在各个方面展露出来的执着的工作干劲、负责的工作态度、干练的工作作风以及她那颗无私又充满爱的心以及面对危险和困难毫不退缩的勇气，让她深受伊斯坦布尔科技大学师生的爱戴。大家信服地跟着她前进，毫不迟疑，团结一致，而这也成为居尔松推动伊斯坦布尔科技大学各项改革取得卓越成就的充分条件。

纵观居尔松·萨拉莫在伊斯坦布尔科技大学的执教和领导生涯，无论由谁来述说和评价，都会稍显片面和偏颇，只有居尔松本人对自己的评判才更为全面和切实，所以在本章末尾，引用居尔松在2004年校长交接典礼上为全校新老师生、各界校友所作的演讲，作为她掌舵伊斯坦布尔科技大学八年最凝练的概括和最贴切的注解。

> 尊敬的伊斯坦布尔科技大学的师生朋友们：
>
> 大家好！
>
> 众所周知，伊斯坦布尔科技大学是一所成立于1773年的理科类高等院校，从奥斯曼帝国到共和国的这段历史上，伊斯坦布尔科技大学是祖国改革的先驱，是勇于牺牲的和拥有大无畏

精神的民主捍卫者。同时伊斯坦布尔科技大学还注重与时代水平同步，采取相应策略不断地发展、变革其教育理念、教学方法、科学研究与社会实践等，以此培养了一批又一批的优秀毕业生，是一所拥有悠久历史和先进教学水平的公立大学。

1773年以来伊斯坦布尔科技大学与国内外的变革同步，不断地进行变革与发展。为应对因全球化导致的改革浪潮，近年来在毕业生、在校生、社会团体等多方力量的支持与协助下，伊斯坦布尔科技大学的改革取得了巨大成就。

伊斯坦布尔科技大学为实现1996年提出的“角逐世界”的目标，一直在不断地努力奋斗、改革与发展。实行参与国际竞争的国际化大学所必备的双语教学、创建国际标准认证的项目、增加人才资源，在科研和传播领域取得巨大进步，这些都是伊斯坦布尔科技大学一直在致力于实现的目标。正如一位欧洲校长所说：“伊斯坦布尔科技大学，正向着跻身于世界一流大学的目标而奋斗。”

1996年当我开始参加竞选伊斯坦布尔科技大学校长之职时，克劳德的一句话“重要的不是成功的结果，而是取得成功的过程”对我影响至深，同时我个人认为这也是最能概述伊斯坦布尔科技大学1996年至2004年时期的一句话。

这一时期我们成功完成了每一个规划，并将众多新的规划提上日程。当规划蓝图变成现实时，我们所经历的和所学到的都转化为无价的财富，在此过程中我们累积的经验为环境系统融合、学校改革发展提供了理论的指导和实践的基础。

1996年至2004年这一时期所进行的改革，目的在于使处于全球化背景下的伊斯坦布尔科技大学与当今日新月异的科技发展保持协调一致。我校20世纪70年代末至90年代初的改革步伐一直受限于闭塞的形势而收效甚微，但改革的想法从未消减，相反催生了进行更为开放、彻底改革的愿望。为此，到了21世纪，在摒弃了一切妨碍发展的保守主义、官僚主义的倾向者和实践动力不足的空谈者之后，伊斯坦布尔科技大学在土耳其高等教育领域持续领先了几个世纪的教育理念、教学方法、科学研究与社会实践活动才得到了进一步的提升。

伊斯坦布尔科技大学强有力的变革是以1996年校长换届选举为开端，拉开序幕的，每一位伊斯坦布尔科技大学成员都为改革倾注了其全部力量。改革过程中，无数教育界人士集思广益为我校规划未来蓝图，他们对改革充满信心并以极大的热情将规划蓝图变为了现实，作出了极为重要的贡献。

过去的八年里，我们所有的战略都围绕着两个重要的规划进行，即："伊斯坦布尔科技大学2001年发展规划"和"伊斯坦布尔科技大学2005年新规划"。在伊斯坦布尔科技大学实现其既定任务、坚持其既定方向、完成改革、保持能动性与积极性来发展自身并且建立新规划的过程中，这两个规划的实现，使得我校步入了改革成功的正轨。在此，我们感激这两个规划的提出者、实践者和拓展者，以及那些给予我们大力支持的各界人士，同时我们也为伊斯坦布尔科技大学在变革中所取得的成绩感到欣慰和自豪，更加坚定了进一步发展的决心与信心。

我们的任务是"角逐世界"，我们的愿景是"打造一所现代科技大学，使之成为国内外的科学技术、社会科学及人文艺术领域的领导者和学术研究中心"。这是我们的首要目标，为了实现目标我们一直不懈努力，并坚信伊斯坦布尔科技大学将在不远的将来，成为一所国际化的一流大学。

1996年来我们既定的改革目标可列举如下：树立新的教育理念、提升科研实力、实现双语教学、增加人才储备、完善知识体系、改善硬件设施、扩建科研大楼、提高教学质量、达到国际认证标准、建立师生公寓、发展工业合作、营造科研与创新氛围、给予学科综合研究优先权和扩大财政资金支持。

我们通过彻底改革教育理念、教学方法和培养方式，优先对本科和研究生课程进行了改革。改革使得我校知识体系的完善程度符合了国际标准，使师生能进行英语语言交流，使信息技术得到最大程度的运用，使我校的创新水平在国际上具有了一定的竞争力。特别是我们实行的双语教学，圆满完成了认证标准里关于英语教学达到30%比例的要求，并使外语学院重新焕发了活力，吸引了来自国外的大批学者进入我校执教，增强了师资力量。

我校的教学和科研水准在改革中明显提高，新建立的教学体系也获得了顺利推进，并建立了许多新的院系和研究中心，同时开展了更多面向本科生及研究生的新项目。而与国外高校共同开展的本科生和研究生课程，也为我校在教育、教学和科研方面成为一所国际性大学增加了砝码。

为了有效管理已取得的教育教学成果，我们运用“网络大学项目”为学生工作、人才资源库、知识系统、安全系统提供了有力保障。我校学生总数超过20000人，研究生与本科生的比例达到2∶3，每年招收2500名左右的本科生，输送大约2000名的毕业生。在我校的密切关注和大力支持下，学生们成功获得就业和深造的机会大大增加，同时，我校为学生营造了弹性的教学氛围，允许学生修双学位和转专业，让人才在学校范围内最大程度地流动，帮助学生找到最适合自己的发展道路。

伊斯坦布尔科技大学是土耳其在研究生教育领域最具竞争力的学校，我校研究生专业每年向社会输送700多名毕业生，为增加科研成果及减少国内人才流失作出了重要贡献。

我校的众多导师都是土耳其技术委员会里的佼佼者，他们代表我校获得了若干机构的大奖。我校鼓励出版，已出版的具有国际影响力的出版物总数增加了三倍。为给年轻的研究人员创造长期在国外深造的机会，我校开展了众多项目，成功派出了140名教职人员。我校成功地与100多所大学签署了合作协议，成为了在国际上有一定影响力的大学。

同时，我校与国际软件公司合作，把图书馆工作升级为系统化和信息化管理，达到国际先进水平。我校图书馆藏书60万册，成为建筑工程、基础科学、建筑设计领域的先进研究中心。此外，我校图书馆还是我国33个重点数据库之一，拥有7300多种纸质和电子版杂志，是土耳其所有大学中使用频率最高的图书馆。我校大力支持图书馆的建设与发展，图书馆的预算自1996年起一直持续提高。

伊斯坦布尔科技大学在出版ARI杂志的基础上，新创办了伊斯坦布尔科技大学杂志，2002年开始以四个不同的系列出版建筑设计、建筑工程、基础科学和社会科学领域的学术成果。我校建立了伊斯坦布尔科技大学出版社，伊斯坦布尔科技大学新颖和自由的管理模式为出版社的发展提供了有利条件。

我校积极进行信息技术基础设施的建设，创建了信息学院和重建了信息操作部。由研究人员和学生组成的年轻队伍向其他学生和社会提供优质服务，并且推出了多门类宽领域的资格考试项目。因特网基础设施建设的领先水平，使伊斯坦布尔科技大学成为了土耳其信息化程度最高的大学，1996年我校网速为0.256Mbit/s，而到2003年则超过了100Mbit/s。如今，伊斯坦布尔科技大学拥有近30个学生电脑实验室，同时其他部门的电脑数量超过了6000台，此外还设有精算中心，拥有20000多名用户，这些成就使得伊斯坦布尔科技大学在高校信息技术基础设施方面位于世界前列。

为满足日益增长的需求，我校扩建了学生宿舍，改善了住宿条件。而且奖学金预算也由10万美元增至300多万美元，2003-2004学年伊斯坦布尔科技大学从预算中拨出2000亿（旧里拉，当时约合人民币90万元），让奖学金增至47000亿（旧里拉，当时约合人民币2115万），分别奖给了5000名品学兼优的学生。

此外，我校的学生兼职中心在近四年里也取得了不小的成绩，学生兼职人数由300人增至900人，这不仅调动了学生的工作热情，也有助于他们自身的教育和学校项目的施行。

所有改革项目的实施都要依赖三点，即：项目开发能力、人才资源和资金支持。而改革时期的伊斯坦布尔科技大学，成功运用了各种资源，无疑是攻克这三个要点的典范。我校的预算来自不同渠道的资金，其中主要组成部分是国家预算基金、科研经费、大学收入和募捐款项。

在这八年里，伊斯坦布尔科技大学的国家预算基金增长了三倍，科研经费增长了10倍，图书馆投入增加了三倍，奖学金增长了30倍，目前我校每位学生的平均培养资金为5000-5500美元。

科研经费支持的研究项目数量从100个增至400个，而来自国外的贷款也为这些项目的实施提供了帮助。另外，主要由国家经济规划机构拨款支持的飞机和航天工程、软件开发等项目，为我校的科研发展注入了积极力量。

此外，2004年7月，我校圆满完成了两个由国外贷款支持的项目，即信息技术基础设施建设项目和远程多媒体教学项目，这两个项目将使马斯拉克校区的大部分区域实现无线网络覆盖，自动化安保系统得到更新和马斯拉克校区的天然气管道获得开通。在研究生数量、权威学术团队、基础设施建设和科研方面的优势，铺平了我们通向研究型大学的道路。

伊斯坦布尔科技大学主校区目前占地0.5平方公里，拥有217公顷土地。我校在收回被他人长期占用的50公顷土地方面，获得了土耳其高等法院等相关法律部门的支持，现在正与省级和国家部门协调，等待办理相关校区规划的手续。

我校开办了多个研究中心并为多学科综合研究提供了良好条件，同时开设了新的研究生课程和加强了研究开发的力度。由伊斯坦布尔科技大学建立并拨款的ARI科技城科技开发区取得了优异的成绩，相信伊斯坦布尔科技大学与科技开发区一定会互相促进，相互扶持，共创更加美好的前景。

如今，伊斯坦布尔科技大学对学生进行的先进教育达到了国际水平，学校为学生的健康、社交、体育、文化和就业创造了良好的环境，并与国外大学合作共同激发学生的发展潜力和挖掘学生的发展机会，当下的伊斯坦布尔科技大学正朝着一所名副其实的国际化大学迈开坚实的步伐。

我校近八年来进行了1.3亿美元的投资，其中7000万美元来自财物募捐，6000万美元来自政府拨款。我校的改革不仅发展了理念和实现了结构调整，同时还加强了基础设施的建设和美化了校园环境。在我校未来五年的规划中，最主要的一项就是计划并通过国家经济规划机构批准的每年2.5亿至3亿里拉的预算资金项目。

正如汇入大海的溪流一般，伊斯坦布尔科技大学这条激流在国际竞争中已不可能落于人后。伊斯坦布尔科技大学还拥有巨大的潜力，进一步提高自己的教育水平和科研水平，使之不仅能名列国际高校前列，更成为特定研究领域的领导者之一。创造伊斯坦布尔科技大学发展奇迹的优秀教育团队也不甘止步于前，定会勇攀高峰，进一步提高我校的教学和科研水准。

我校所有项目都是在1996年发布的“伊斯坦布尔科技大学2001年发展规划”的指导下进行的，而捐助项目是在我们尊敬的第九任总统苏莱曼·德米雷尔先生的领导下开展的。这个捐助项目不仅得到了苏莱曼·德米雷尔总统给予的大力支持，还得到了大批毕业校友的积极帮助，因此取得了超越目标的优异成绩。在此，我必须首先向尊敬的苏莱曼·德米雷尔总统、全体毕业校友和我们的朋友们表达我深切且诚挚的谢意，正因为有了你们的帮助，伊斯坦布尔科技大学才能取得如此大的进步，才能将改革规划转化为现实。

伊斯坦布尔科技大学作为土耳其共和国最古老和历史最悠久的大学之一，正倾力建设阿塔图尔克理想中的土耳其，培养出的年轻一代将带领我们走上现代文明的另一高峰，伊斯坦布尔科技大学会继续将青年人培养为科技领域的佼佼者，让富有创新精神的年轻学子把祖国推上发展的新台阶，增强我国的国际竞争力和扩大我国的国际影响力。

此外，在我八年的校长任期里，与我一起服务于伊斯坦布尔科技大学的所有校级领导、院主任、系主任、议员、秘书长、校长顾问、项目协调员以及所有学术和行政工作人员，我欠你们一声谢谢，谢谢你们的无私奉献和牺牲。最后，我还要感谢我的丈夫与儿子在我校长任期内给予我的支持、耐心与牺牲，谢谢你们。

亲爱的伊斯坦布尔科技大学的师生们，以上就是我向你们呈送的八年来我校取得的改革成果的简报。八年的成果简报，不能详细描述所有的细节，也许会遗漏部分信息，但尽量跟大家分享了我们的所学、感受和一些重要的经历。作为伊斯坦布尔科技大学第一任女校长的经历，对于我来说可谓意义非凡。我没有受到任何歧视或异议，就成了大学校长，而且是土耳其共和国教育领域杰作之一的伊斯坦布尔科技大学的校长。当我还是一个九岁小女孩的时候，我生活在特拉布宗，那时的我就开始幻想要是我能成为大学校长，为学校、国家服务，该是一件多么令人开心的事啊。

从九岁到59岁的这50年时光里，我对伊斯坦布尔科技大学的热爱与日俱增。把伊斯坦布尔科技大学打造成为土耳其共和国内具有国际竞争力的高校，是很多人坚持了多年的伟大抱负，在这里，我向这些人和伊斯坦布尔科技大学，表达我深深的爱与敬意。

2004年5月20日居尔松·萨拉莫于伊斯坦布尔

领　袖

退休之后，居尔松·萨拉莫仍然不减忙碌。许多原本在任期内难以抽出时间打理的工作，总算可以付诸实施了。

以前居尔松更多的是以校长的身份出现，现在她则更重视自己的“女性”使命。

当谈及土耳其女性的特质以及所遭遇的诸如政治上、经济上和文化上的不公与歧视的时候，居尔松曾这样表示过：

“土耳其妇女是极具自我牺牲精神的一类人群。她们像母鸡保护小鸡一样庇护自己的孩子们，即使与丈夫相处不愉快，但为了孩子的美好的童年，再大的困难也会竭力忍受。她们是充满着自我牺牲精神的母亲。土耳其妇女比别人更有耐心，更容易感到满足，读过书的和没读过书的都是如此。

至于土耳其女性的不足之处，我认为，这部分不足主要体现在传统的土耳其家庭妇女中。土耳其大部分家庭主妇所缺失的正是一种创造力、生产力和自我提升的觉悟。她们生活的全部就是结婚育人、相夫教子、料理家务，仅此而已。她们做不了她们自己的主人。她们的身份永远是孩子们的母亲、丈夫的妻子，因此她们无法给自己设定一个独有的角色。

在土耳其对女性的歧视和不公还是要分地区区别看待的。举个例子，苏联解体后，一些东欧国家的人开始大量涌入土耳其，尤其是未婚的贫困女性。比如在黑海地区，很多土耳其男性便抛弃自己的妻子，与到土耳其来谋生的俄罗斯或乌克兰女子结婚。这给黑海地区，也就是我的家乡，造成了长达10—15年的家庭问题，并给许多人，尤其是孩子带来了深重的伤害，而且还引发了一些社会不安定因素，甚至是动荡。

有些土耳其女性是被经济问题所折磨，有些女性则是被家庭关系破裂造成的问题所困扰。而在土耳其东南部存在着陈规旧俗的问题。这些陈规旧俗所设定的私刑有时可能过于严重，于是有时候仅仅犯了点小错的女人，由于惧怕私刑的残酷折磨而可能选择自杀。我认为这些都与发展水平有关。我认为一般来说，马尔马拉海地区、爱琴海地区和土耳其在欧洲的这部分地区的家庭生活更加平和安定，女性地位也会受人尊重。

以前各个政治党派从未实施过专门针对女性的政策，而现在政治家们十分重视女性，出台了以女性融入家庭为目的的政策。从前在政坛上无法看到女性的身影，然而现在女性开始担任重要职务。女性在政治意义问题上获得很多支持。”

当问及土耳其家庭主妇不能走出家庭的缘由时，居尔松也分析了原因：“土耳其为何存在这么多的家庭主妇？这个问题其实是由多方面因素造成的。首先，孩子一多，便无处安置。国家无法向这些有孩子的家庭提供全天候的儿童看护，女人们除了待在家里照看孩子以外别无选择。而雇用保姆看孩子无论是从经济上还是从效果上，也是不现实的。其次，由于女性人口的受教育程度普遍偏低，她们能够胜任的工作很有限，而在这有限的工作里还得挑她们丈夫不反对的工作才行，这自然又为女性就业带来了一道障碍。比如，男人们会同意自己的妻子去当教师，但是绝不会愿意妻子去某地做清洁工。妇女们便由于诸如此类的问题只得被'圈禁'在家庭中。这肯定会带来严重问题，但如果仔细观察土耳其社会便会发现，这种家庭往往每个人都会有一个乡下的老家。老家向他们源源不断地供给食物和人力，家族是他们背后的靠山。也就是说，家族通过这种方式让这些家庭的生活能够继续下去。然而，男人们常常会由于所负担的压力过大而脾气暴躁，这会打破家庭生活的安宁。这种单一经济来源家庭的孩子往往会受到这种不和谐因素的影响。孩子接受不到年幼时应该接受的必要教育，视野不够开阔，目光过于短浅，从而阻碍了发展。如果说在这种教育缺失的环境下长大的孩子能够养成一个坚强稳健、有建设性、有创造性的人格的话，这简直可以说是个奇迹了。”

诚如居尔松所说，尽管土耳其已经实现了较高程度的民主化和性别解放，然而，由于长期的宗教原因、习俗传统，以及地区的发展不平衡，土耳其女性的不平等还是比较明显的。

据《纽约时报》2003年7月12日报道，土耳其一名女子，上月被埋进了一处城市公墓的角落里。这名女子未婚先孕，死于石刑。女子和那名使她怀孕的男子，都是她的家人为维护“家族荣誉”而杀害的。他们一道在镇子的野外遭受石刑，当场就丧了命。

女子的兄弟以及其他四名亲人，已被指控谋害。这对恋人之所以受石刑，似乎是为了遵循中世纪的一种野蛮习俗。这里的村民们说，对于那些不光彩的男人和女人，全村人都可以讯问并用石头砸死他们。

尽管女子的家人没来医院看她，但许多女人来了。医院所在地迪亚巴基尔的妇女组织的几名成员，为她带来了药物，帮她擦擦洗洗，用轮椅推着她去医院周围转转。妇女组织特意为她找了一副棺材。她们不理睬当地的传统，自行将棺木抬入了城区的公墓。这名35岁女子的去世，显示出安卡拉的立法声明和土耳其一些地方的中世纪式日常生活现实之间还存在着巨大的距离。

就在她的葬礼前两天，土耳其当选议会通过了一部意义空前的人权法，废除了以前的一项法案，不再为那些出于“家族荣誉”目的而施行谋杀者削减刑期。但是，这名女子还是成了古老的“荣誉象征”的牺牲品。

另外根据英国广播公司报道，一份由阿拉伯专家和学者撰写的联合国报告指出，部分穆斯林妇女在社会的各个层面都遭受歧视，她们的生活受到法律、习俗、宗教的限制，有时甚至是摧残。

协助撰写这份联合国报告的弗佳尼博士说，对妇女的歧视存在于部分穆斯林世界。他说，虽然穆斯林世界妇女的状况有了相当大的改善，但在很大程度上，妇女仍然面临着悲惨的命运，她们的受教育权利被剥夺，尤其是在高等教育方面。

部分穆斯林的传统思维是，妇女最好只是待在家里。尽管针对妇女的歧视存在于世界各地，但这一问题在土耳其依旧表现得尤为突出。长期以来的一个争论是，伊斯兰教是否应为穆斯林妇女权利被剥夺的现象负责。例如妇女被强迫戴面纱和在接受教育方面所受的限制，以及在工作上男女不平等的待遇。

但弗佳尼博士说，不应当把部分穆斯林世界妇女所遭受的这些歧视归咎于伊斯兰教。他说，伊斯兰教和妇女权利问题之间并不存在根本的矛盾。然而，对伊斯兰教义的某些诠释有可能导致穆斯林世界中妇女权利受到侵害，其中包括中东的一些国家。

报告同时强调：根深蒂固的男权传统，保守僵硬的政治势力，长期的战乱以及某些地区存在的外国军队占领等，都应当对部分穆斯林世界妇女的悲惨境况负责。

此外，男女不平等现象最突出的表现是在婚姻上。在奥斯曼帝国时代，土耳其男人可以同时娶四个妻子，这种不平等是显而易见的。即使在21世纪的今天，在土耳其东部的一些偏远地区，还有一些男性在冒天下之大不韪，力图维持这一传统，或者采取休一个、找一个的方式。女性在婚姻中被动无奈，只能受自己的父兄摆布，任人欺凌，她们只有“被离婚”的权利。

哪怕是一夫一妻的家庭，女性的基本权益也无法得到保障。在部分土耳其保守家庭中，女性承担了全部的家务劳动，但却不能得到收入，财产权受到了很大损害。另外，家庭暴力往往是家常便饭，很多保守家庭的女性都遭受过精神或肉体上的暴力，却无处申冤，只能苦苦支撑家庭。

土耳其女性普遍性的不平等问题，是居尔松等高级知识女性关注的要点。每当土耳其女性遇到不公正待遇的时候，她们都会联合起来，或大声疾呼，或奋笔疾书，从各个方面维护和争取土耳其女性的权利。

还有，居尔松也关注到了女性在土耳其和欧洲大学中担任校长和教授的情况。在一次调研后，她曾说："在土耳其，女校长的人数相比于其他的发展中国家，甚至部分发达国家要更多一些。但我认为，土耳其大学女校长还是凤毛麟角的，166名大学校长中只有11名女性。这个比例连十分之一都不到。但就女教授的人数而言，土耳其是以29%的比例领先于国际的，这还让人稍感欣慰。欧洲国家大学女校长比例相比于土耳其更低。极端的例子是意大利，只有1—2名女校长。相同的问题，在西班牙、英国、荷兰及其他欧洲国家的情况也不尽如人意。但也并非所有欧洲国家都是如此。在北部一些国家，如瑞典这样走在前面的发达国家，其女教授的人数比例为20%，而其女校长比例高达40%—50%。东方国家也有类似的情况。总体而言，西方和东方的女校长数量都很少，但其原因各异。西方女性生活很舒适，因此她们并没有走向领导位置的意愿；还有一些女性在职业选择上就根本不想投身于科学研究工作中，因为她们在其他行业的生活水平也很高。而这种情况在东方国家产生的原因，我认为是社会压力，这也许是宗教或传统导致的。由于社会压力，女性很少有迈入这一领域的自由选择权。结果一样，但原因不同。正因如此，我们需要做的工作还有许多。无论是土耳其、中国、欧洲还是全球，女性，尤其是大学女校长承受住社会带来的压力并创造出新的历史，是十分必要的。"

居尔松以上的这一谈话说明了她的视线正从校长的管理活动中逐渐抽离，开始扫视到"女性"这一更大的领域，她正希冀有更多的精力投入到"女性"研究中。

2006年的居尔松

2006年，欧盟委员会力邀居尔松参加了一个名为“联线咖啡屋”（Unicafe）的计划，并由她出任土耳其国别组的指导委员会主任委员。“联线咖啡屋”计划致力于推动女性研究的发展，旨在帮助女性打破性别的“玻璃天花板”，寻求自尊、自立、自强的生存方式。在居尔松的领导下，伊斯坦布尔科技大学的教师团队率先开展了这方面的工作，随后，在她的感召下，土耳其其他高校的大学女校长和相关研究者也开始参与该计划。无疑，在这项计划中，她居功至伟，然而她却说：“计划的成功，就是我们参与该计划的全体研究人员的成功！”因为土耳其国别组高效、严谨的工作，“联线咖啡屋”计划最终的验收大会就定在了伊斯坦布尔举行，这是居尔松不懈努力的结果，她让整个欧洲的女性研究者都更为深入地了解她，并对她所作出的巨大贡献予以高度赞誉。

之后，居尔松·萨拉莫欣闻在中国传媒大学名誉校长刘继南教授领导下，作为全球化的女性研究高端学术平台——首届世界大学女校长论坛成功举办。居尔松·萨拉莫在地球另一端也倍感欣慰，因为全世界高等学府的女性领导者都在关注和从事着这方面

2009年的居尔松

的研究。她深感欧洲的女性研究还是较为分散的单兵作战，迫切需要一个统一的跨国界、集约化、互通性的平台来实现更高层次和更高效率的合作，以及在此基础上的研究。况且，欧洲作为女性研究较为领先的地区，也需要一个组织来参与全球范围内类似的学术交流和国际合作。于是，一个全新的概念在居尔松脑中形成，即依托“联线咖啡屋”所积累的资源，建立与此并行不悖的一个全新的平台，来完成欧洲大学女校长的联合。

“说做就做！”这才是居尔松的作风。

她在进行了相关调研和筹备后，向欧洲的有关部门征询指导意见：“如果我们完全自筹经费，建立欧洲大学女校长大会，有什么障碍吗？”

该方面的主管部门迅即表示：“这个想法太棒了，这在欧洲真是史无前例！我们愿意为您的这一想法提供支持！”

在2008年，居尔松利用土耳其作为“联线咖啡屋”东道国的机会，向欧洲的大学女校长们发出了邀请，20余位来自不同国家、不同领域的大学女校长汇聚一堂，共襄盛举，举办了第一届欧洲大学女校长大会，开创了欧洲大学女校长全面联合、全面协作的先河。在这届大会上，经过与会大学女校长的一致推举，居尔松成为了欧洲大学女校长大会的主持人，开始领导这一具有强大世界影响力的国际组织。

在2009年，居尔松得到了世界大学女校长论坛主席、中国传媒大学名誉校长刘继南教授的盛情邀请，首次赴中国南京参加了当年的世界大学女校长论坛年会，并与中国方面和其他国家的同仁建立了更为紧密的联系。在这里居尔松结交了许多来自中国的好朋友，

在学术论坛上作主题发言

甚至让她感觉这些朋友似乎已经认识了很久。

在回国之后，居尔松被中国的飞速发展所感染。谈及中国时，她从战略层面高屋建瓴地作出独具匠心的分析，她说："我认为，从世界未来的角度来看，不论是中国，还是中国人，都是非常重要的。未来的中国会持续为世界作出巨大贡献。在安定的政治体制下，在世界平衡的重新定位中，'中国制造'凭借已取得的优势将更容易地在全球流通，中国的各种产品，尤其是在价格方面的实惠，正为全世界人民提供方便。尽管远隔千山万水，但对土耳其来说，中国已经成为最重要的国家之一，土耳其有必要同中国发展和协调两国的各项关系。我知道，中国人民是充满希望的、具有创造性的和高生产力的一群人。"

"迄今为止，我个人感觉土中两国联系仍是不够充分的。因此这项艰巨的任务不仅仅落在国家主体上，还落在大学和大学校长身上。在开展高等院校层面交流活动中，两国人民可以互相加深了解。同时，旅游等一些方面也可以加强土中两国联系，并使两国获益。对于中国来说，土耳其就是一扇向欧洲敞开的大门。中国通过这种方式可以更容易向欧洲贴近。土耳其也获益于中国的生产模式，在建立各种长效合作的同时，可以改进土耳其的生产机制，实现一部分在中国、一部分在土耳其的双赢模式，我认为这可以为土耳其作出很大贡献。土中两国团结合作，也可以在极大程度上促进亚洲经济发展。由于绝大部分自然资源位于中东地区，这个地区至今不能获得安宁，在阿拉伯世界，喊出‘西方人止步’的各种抗议和暴动可能长期持续，因而位于亚洲两端的中国和土耳其无疑是亚洲稳定的两座基石。”

正是对于中国的重视和出于对中国同仁创举的钦佩，在南京的时候，居尔松还向刘继南教授发出了来年参加2010年度欧洲大学女校长大会的邀约，希望刘继南教授完成对欧洲方面的回访，并且在伊斯坦布尔发表主旨演讲。2010年，刘继南教授率中国代表团如约回访土耳其，参加了第二届欧洲大学女校长大会暨首届欧洲大学女校长论坛的全部活动，并在开幕式上与居尔松一同在主席台就座，发表了令欧洲乃至全球50余位女校长高度称赞的演讲，完成了双方的互动。

2012年，第二届欧洲大学女校长论坛依旧在伊斯坦布尔举行，此次会议共邀请了包括刘继南教授在内的全球80余位大学女校长出席，再次刷新了欧洲大学女校长大会出席人数的纪录。本次双年会盛况空前，居尔松深感多年的奔走和呼喊没有白费，换来了女性在知识界的高端联合，这种联合跨越了国家，跨越了人种，跨越了宗教，跨越了学科，是一种女性组织崭新的面貌。会后当她谈及盛况的时候，她说："我们坚定了一个想法，即通过全体大学女校长的共同努力，为了使女性在大学领导者中占有一席之地，为了巩固她们的地位，而发出我们共同的声音。我们为她们指引方向，鼓励她们，提高她们处理各种事务的能力，维持学术界男性与女性的生态平衡，为女性大学领导者争取和创造更公平、更开放的机会。"

毫无疑问，欧洲大学女校长论坛把居尔松推向了事业的新高潮。她不仅跨出了建筑设计界，更在国际教育界掀起了新的风潮，为土耳其以及全世界的女性作出了表率。另外，欧洲大学女校长论坛的组织活动因为以伊斯坦布尔科技大学为中心，也大大提升了大

在第二届欧洲大学女校长论坛上居尔松与来自世界各地的大学女校长合影

学和土耳其教育界的国际知名度和影响力，成为土耳其教育界面向世界的一扇新窗口。

当然，在创建欧洲大学女校长论坛的过程中，居尔松确实面临一些资金和组织上的压力，甚至是欧盟内部的一些阻力。当聊起这几年的辛苦的时候，居尔松曾有如下表述："我们为了能长期开展欧洲大学女校长论坛这个活动做了很多细致繁琐的工作，现在主要由我来主导运作这个平台。但是我深知，一个体系，一个组织不能只靠个人或者单个机构。为了能使这个活动持续进行，我们必须长期加强组织工作。即便我们在伊斯坦布尔主办了这么多次的论坛活动，长期以来欧洲内部也有人不承认伊斯坦布尔的中心地位，因此对于论坛的存废还存在着一点政治风险。从论坛的长远性来说，我的职责不仅是维持运作这个平台，获得整个欧洲的承认，还需要永不放弃地寻找一个彻底解决大会地位问题的办法。土耳其并不是欧盟成员国，有些人认为我们不能代表欧洲，但不管怎样，伊斯坦布尔也是欧洲一个重要的城市。对于土耳其能否代表欧洲这个问题，对我们有成见的国家会提出各种反对意见，钻空子来削弱我们。当然现在他们还不具备这个能力，因为欧洲大学女校长论坛所需要的大量资金都来源于土耳其，因此我们有能力构建如此健全的结构，并深以为荣。"

除了国际和高端的女性活动，居尔松也十分重视保护土耳其国内的女性权利。她谦虚地表示："虽然我是一名建筑设计师，但除了在建筑工程领域工作之外，我还从事了很久的高校领导工作，我在高等教育其他相关领域也有所涉猎，因此，我个人感觉，比起建筑设计领域，我在高等教育领域更有发言权。而在高等教育之外的教育领域我还没有涉及。我不希望自己在这个领域随便发言误导大家。但是在女孩子入学这一问题上，也就是在说服各个家庭让女孩子走进学校接受普通教育乃至高等教育这一问题上，土耳其有很多组织为之不懈努力。其中的一个代表就是《自由报》所主办的名为‘女孩儿们，快来上学’的活动。这也是我关注的一方面。”

而且，居尔松还十分关注大学生男女比例。经过统计，她发现在土耳其大学里大概有40%是女学生，但是在欧洲大学，这个数字则是50%。她注意到土耳其在这方面有需要提升的空间。另外，在研究生和博士生中，女性的比例甚至更高，达到近45%。她认为如果保持现在的水平继续发展，这个数字在近几年中还将继续增加。居尔松感到，事实上女性在土耳其或者整个世界的症结并不在教育这一环节上，因为，即使部分大学中女性的比例可以达到甚至超过50%，然而最关键的是，在之后的职场中女性的比例却不能维持在这个水平，而且更低。这就说明，女性的弱势主要不在于教育，而在于社会的接纳。这不仅对于土耳其，同样对于整个世界来说都是个难题。居尔松为此进行了深入的调查和思考，她认为，由于女性在结婚生子之后开始回归家庭，当全职主妇，多年后，当她们重返职场时却发现难以再次适应，从而错过了发展和晋升的机会。为了改变这种情况，居尔松开始参与欧盟的相关项目，寻找解决良方。

居尔松现在正在参与一个由瑞典的大学牵头的项目，旨在调查研究女性在高等院校中面临的阻力和压力，换言之，也就是研究阻碍女性担任领导和升职的因素以及寻求减少此类阻碍的方法。这是欧盟一个非常重要的研究项目，将持续五年，目前正开始第二年度的工作。这对居尔松来说是个很难得的机会，为此她作了大量的调查研究。不止这一个项目，实际上从2006年开始，居尔松一共参与了四个由欧盟主导的女性研究课题，她几乎把所有的能量都从建筑设计转移到了女性问题的解决上。

由于居尔松·萨拉莫在各领域的建树，她获得了越来越多来自全球的荣誉称号以及国际组织的职位。

2002年，她被罗马尼亚首屈一指的一所大学授予荣誉教授称号。2003年，担任国际大学校长协会执行委员会委员。2005年，受邀担任由联合国教科文组织和戴姆勒—克莱斯勒公司联合举办的工程大赛评委。2005-2006年间，被欧洲工程教育协会授予最高奖——达·芬奇奖。2006年，被美国建筑研究院授予荣誉院士称号。2009年，被罗马尼亚另外一所知名大学授予荣誉教授称号。2005-2010年间，担任国际大学校长协会的欧洲首席顾问。2006-2008，2008-2010，2010-2012年间，三度受邀参与玛丽·居里人力计划顾问小组，连任三届顾问。2008年，2010年，2012年，在伊斯坦布尔科技大学三次牵头组织召开了欧洲大学女校长大会,并在第二次大会上作为首倡者，创立欧洲大学女校长论坛，并被推举为主席。2011年起，受邀担任欧洲科学艺术文学院院士。各类名誉和荣衔的纷至沓来，反映居尔松得到了欧洲教育界和学术界的普遍认可。

尽管在国际上获得了巨大的成功，成为了很多领域的执牛耳者或者领袖，但是居尔松并没有忘记生她养她的故乡——黑海小城特拉布宗。为了能经常回家看看，她拒绝了很多爱琴海城市的邀请，而把自己的度假屋专门建在了老家特拉布宗。每当在特拉布宗的建设项目需要她的意见和指导的时候，居尔松便会分文不取，竭尽所能地贡献自己的才智。居尔松还与三个朋友共同创办和建造了一家五星级酒店，目前它是特拉布宗最高端的酒店。这直接和间接为特拉布宗创造了1000多个就业机会，大大刺激了当地经济的发展，改善了小城人民的生活。

除此之外，居尔松还担任度假屋附近特拉布宗一所高中的课外辅导员，为中学生们指导日常的学习，规划未来的方向。同时，她和丈夫阿赫麦特致力于为来自特拉布宗的孩子们解决在伊斯坦布尔遭遇的各种问题，比如学校、宿舍、奖学金等等。同时，他们还自掏腰包对特拉布宗子弟中的贫困学生和品学兼优学生提供额外奖学金，从根本上帮助他们摆脱求学生活的困境，从而心无旁骛地投入学习。

1992年大家庭合影，右二是居尔松的父亲

每年的仲夏时节，居尔松一定会从繁华的伊斯坦布尔回到小城居住些许时日。日落时，人们总会看到一对身材微微发福、和蔼可亲的老人在沙滩上携手同行，遇见他们的老人会直呼他们的姓名，互致问候，而从他们身边如飞鱼般穿梭的小孩却叫着“居尔松奶奶”鱼跃而过，即使做鬼脸、闹一些恶作剧也不会招来一句烦言，两位老人反而会伴随着愉悦的欢笑向孩子们俏皮地吐一下舌头作为“回击”。当渔船撤帆回港的傍晚，当潮水退去的朦胧月下，只留下了在沙滩上两行行走的脚印。这就是居尔松和阿赫麦特平静的小城生活。

每当特拉布宗人谈起居尔松的时候，总会众口一词地评说她：“离乡不忘本，远游心有家。”在他们眼中居尔松·萨拉莫并不是光辉耀眼、不可亲近的名人，相反在他们心里，居尔松是黑海永远的骄傲，特拉布宗永远的女儿。

居尔松与中国

谈及居尔松·萨拉莫与中国的渊源，不得不提及她的先生阿赫麦特·萨拉莫的父亲。老萨拉莫先生是土耳其聋哑盲人教育方面屈指可数的专家，由于工作和学术交流的原因，老萨拉莫先生曾经长期留学美国，并深入访问过中国等众多国家。年轻的居尔松和阿赫麦特经常聆听老萨拉莫先生在国外游历的往事，尤其是在中国云南的那一段“奇遇”更是让他们魂牵梦绕。

老萨拉莫先生在上世纪90年代初期作为土耳其聋哑教育方面的权威，受邀访问中国云南，交流少数民族地区语言和聋哑教育的经验。甫一下飞机，老萨拉莫先生就被云南特殊的地理地貌和人文环境所震撼了。尽管走遍了大半个地球，但他还是头一次见识云南地区所特有的文化气质。在云南期间，老萨拉莫先生的足迹踏遍了石林、丽江古城、纳西山村、香格里拉、西双版纳、傣家古寨，自然和人文的多样性使他对中国有了全新的认识，他没有想到一个经济在飞速发展的国家，竟然对自己少数民族的文化如此宽容，并进行了全方位的保护。被中国少数民族地区的独特魅力所深深折服，老萨拉莫先生让居尔松和阿赫麦特务必去中国走走看看的想法也勾起了他们对中国，尤其是对中国西部地区的浓厚兴趣。

转眼间，二十多年过去了，居尔松和阿赫麦特也成了花甲老人。随着世界大学女校长大联合的形成，居尔松也与中国的同事建立了紧密的交流关系。2009年，居尔松受到了世界大学女校长论坛主席刘继南教授的邀请，来华共襄第四届世界大学女校长论坛盛举。其间，居尔松得以第一次近距离体味中国的文化和历史，为之震撼不已。

在南京参会之余，居尔松与来自世界各地的大学女校长相伴游走在江南水乡，这给了她一次奇妙的体验。

仲秋的江南水乡，缺少三月的桃红柳绿、梁燕呢喃的热闹，也少了游人如织的喧哗，这反而还原了水乡婉约阴柔、淡泊宁静的本色。居尔松在回忆中思索着她走过的世界闻名的水乡，对比着伊斯坦布尔海峡水道环保的模样，细细地品尝中国江南水乡的别样风情。粉墙黛瓦，厅堂陪弄，临河的蠡窗，入水的台阶，水乡古镇的神韵在不经意间一波一波地荡漾开来。江南是水做的。“镇为泽国，四面环水，咫尺往来，皆须舟楫”。江南碧水三千，如果说船是流动的音符，那么一座座古朴典雅的石拱小桥就是最和谐的旋律，桥因船生，船为桥行。“君到姑苏见，人家尽枕河。古宫闲地少，水巷小桥多。”摆渡的船娘，摇着橹从纵横交错的河道间穿过，盈盈的水波倒映着她们的倩影，从她们身上居尔松看到了东方女性的美丽和自由。

除却江南水乡的温婉，北方的长城又是一种霸气雄阔的象征。

万里长城，像一条矫健的巨龙，蜿蜒曲折，蟠伏在中华大地上。东起河北省的山海关，西到甘肃省的嘉峪关。它纵横河北、北京、山西、内蒙古、宁夏、陕西、甘肃七个省市自治区，曲折绵延长达6700公里。人们提到长城时，往往会把它同秦始皇联系起来，其实在秦以前的战国时代，有许多诸侯国，像燕、赵、魏、秦、韩等，都在修筑长城，以便相互防御。后来，自秦始皇统一“六国”以后，用了十多年的时间，把各诸侯国修筑的长城连接起来，并进行了大规模的扩建，才成为长达万里、雄伟壮观的长城，这可以说是秦始皇统一后采取的一项重大的军事防御措施。不过，在秦以后的许多朝代，对长城又不断地进行修建，直至明代。可以说万里长城这项伟大的工程，到了明代后期才算最后完工，也就形成了长城今天这样的规模和面貌。当听说长城是为了防御蒙古草原的游牧民族的时候，居尔松莞尔一笑。当别人问起时，才知道土耳其人的祖先就是隋唐时期的突厥人，当年阻挡异民族铁蹄南下的城垛被她踏在脚下的时候，那种复杂的感情还是让她不禁笑了出来。

作为建筑学方面的专家，居尔松认真观察着她眼前的这个庞然大物。长城跨高山峻岭，越过沙漠，穿过草原，经绝壁，顺着山势曲折起伏而修筑，因地形隘口险峻峥嵘而立，宛如一条飞舞着的东方巨龙。在这长达万里的长城间，每隔一段距离都要建立起箭楼、烽墩和关隘、方城等。在城墙上还建有许多两层的堡垒，上层顶部为平台，周围有垛口、瞭望洞，便于瞭望和攻击，下层有砖砌的小房间，可居住士兵与储备粮食和兵器等。在长城内外群山之间的制高点上，设有许多烽火台。这是为传递军事情报而设立的，每当遇到敌人来犯时，白天在烽火台上点起狼烟，夜间点起火种，这样一座一座地传下去，即使在千里之外，也很快可以把消息传到京城来。长城还有一个特点，即在每隔十余公里处建造一个关城。居尔松不时地问这问那，时而赞叹，时而凝思，为古代中国人伟大的智慧而钦佩和感动。

由于工作繁忙，时间紧迫，居尔松不得不收拾行囊，踏上归程，匆匆结束了第一次访华之旅。中国厚重的历史和灿烂的文化像吸铁石一样，让居尔松热切地希望再次踏上中国的土地。当然，中国方面对世界大学女校长合作事业的热情和能力给了她更加深刻的印象，刘继南主席的邀请和协助也让居尔松欣慰和感佩，这更是她再次来华的动力。

2011年，居尔松·萨拉莫教授又得到刘继南教授的邀请，出席在中国厦门召开的第五届世界大学女校长论坛。然而不幸的是，在出发前，居尔松突遇事故，摔伤了手臂，因此未能成行。两个老朋友在中国第二次会面就这样被推迟了两年。

时间到了2013年6月，各方面的条件都具备了，居尔松作为欧洲大学女校长论坛主席再一次受刘继南教授盛情邀请，与阿赫麦特先生一起飞到了北京。他们的"中国梦"终于实现了。

2013年6月16日，来自北京的大学女性领导人齐聚一堂，高朋满座，热烈欢迎居尔松教授和阿赫麦特教授的来访，为他们接风洗尘。世界大学女校长论坛主席、中国传媒大学荣誉校长刘继南教授，亲自主持欢迎晚宴。首都师范大学党委书记张雪教授，北京外国语大学原校长陈乃芳教授，北京语言大学原党委书记王路江教授，中国传媒大学党委副书记刘利群教授，中国教育电视台副台长吕学武教授一同出席并陪同，这令居尔松和阿赫麦特大感意外，他们对中国朋友们细致周到的接待深感荣幸，希望所有的大学女校长和来宾都能够身体健康，事业长青；尤其希望世界大学女校长论坛在刘继南教授的领导下更加辉煌。

居尔松教授夫妇与北京高校领导人交流合影（从左至右分别为中国传媒大学党委副书记刘利群教授，首都师范大学党委书记张雪教授，北京外国语大学原校长陈乃芳教授，阿赫麦特教授，欧洲大学女校长论坛主席、伊斯坦布尔科技大学原校长居尔松教授，世界大学女校长论坛主席、中国传媒大学原校长刘继南教授，北京语言大学原党委书记王路江教授，中国教育电视台副台长吕学武教授）

居尔松教授夫妇与中国传媒大学党委副书记刘利群教授（左二）合影留念

随后的三天，在中国传媒大学党委副书记刘利群教授的陪同下，居尔松和阿赫麦特先后访问了中国中央电视台、中国传媒大学、清华大学和北京大学。

中国中央电视台是中华人民共和国的官方电视媒体之一，是中华人民共和国国家电视台。1958年5月1日试播，9月2日正式播出；初名北京电视台，1978年5月1日更名为中央电视台。

中央电视台所有的节目都通过卫星播出，拥有中华人民共和国境内最多的收视人群。央视拥有45个电视频道，是世界上电视频道数量最多的电视台，除了面向中国大陆地区播出的频道之外，还通过卫星、互联网向全球播出包括中文在内的各种语言的国际频道。央视在全球各地设立了自己的记者站，并在肯尼亚首都内罗毕、美国首都华盛顿分别设立了非洲分台和北美分台，致力于发展成为国际化新闻媒体。央视现已基本覆盖中国各地区，是目前全球影响力最大的华文媒体。

中央电视台是中国重要的新闻舆论机构，是中国共产党、政府和人民的重要意志、意愿与事实的表达窗口，是中国重要的思想文化阵地，是当今中国最具竞争力的主流媒体之一，具有传播新闻、社会教育、文化娱乐、信息服务等多种功能，是全国公众获取信息的渠道之一。央视采用企业化管理模式，将自身定位为宣传机构，是“党、政府和人民”的“重要喉舌”。同时由于央视的独特地位和影响力，央视本身和有关央视的新闻事件也时常成为其他媒体关注的焦点。

这些特点与土耳其国立的全国性的土耳其广播电视台十分相似，两国的国情在此又重现交集。

对于居尔松教授而言，中央电视台更让他们眼前一亮的是建筑设计的奇葩——中央电视台总部大楼。

中央电视台新台址位于北京市朝阳区东三环中路，紧临东三环，地处CBD核心区，占地197000平方米。总建筑面积约55万平方米，作为最高建筑的中央电视台总部大楼高234米。

该建筑由世界著名建筑设计师、荷兰人雷姆·库哈斯担任主建筑师，荷兰大都会建筑事务所负责设计。中央电视台总部大楼主楼的两座塔楼双向内倾斜6度，在163米以上由“L”形悬臂结构连为一体，建筑外表面的玻璃幕墙由强烈的不规则几何图案组成，造型独特、结构新颖、高新技术含量大，在国内外均属“高、难、精、尖”的特大型项目。

被称为“好看难建”的央视新大楼在2004年10月21日动工。除了“侧面S正面O”的奇特造型外，央视总部大楼的安全也一直备受关注。国内外许多专家仍认为大楼设计过于复杂，全楼先天性倾覆力巨大，抗冲击破坏力差。就此，设计团队精心研究了安全方案。央视大楼的结构是由许多个不规则的菱形渔网状金属脚手架构成的。这些脚手架构成的菱形看似大小不一，没有规律，但实际上却经过精密计算。作为大楼主体架构，这些钢网格暴露在建筑最外面，而不是像大多数建筑那样深藏其中。这样压力基本都能沿着系统传递下去，并找到导入地面的最佳路径。从外观上看，大楼有一部分钢网结构比较密集，它们也是整体设计思想的一部分。

在北京的众多新建筑中，央视总部大楼可能是最能显示勃勃雄心的一座，带给公众强烈的视觉冲击，人们在谈到建筑界把北京称为外国建筑师的“东方淘金地”、“试验田”时，每每都会以它作为典型代表。有建筑师曾表示，这种结构在世界其他地方获准建造的可能性很小，因为其他地方的建筑规范不会允许建造这样的东西，而中国很愿意尝试，这为建筑设计创造了一种非常特别的氛围。确实，中国的包容和豁达最终让这栋建筑收获了至高无上的荣誉，“2013年度高层建筑奖”评选于当年12月7日晚在美国芝加哥揭晓，中央电视台总部大楼获得最高奖——全球最佳高层建筑奖。

在中央电视台新址，作为建筑方面的专家，居尔松和阿赫麦特饶有兴致地进行了各方面的询问和了解。在踏上央视双塔结合部的

悬空玻璃一览北京美景的时候，居尔松和阿赫麦特出现了截然不同的选择：居尔松表现出了黑海特拉布宗人“天不怕，地不怕”的性

居尔松教授夫妇参观中央电视台

格，毅然决然地从看似危险的悬空玻璃一穿而过；而阿赫麦特却表现得更为“专业”，他认真打量这三块悬空玻璃的架构，说什么也不愿“冒险”。阿赫麦特打趣道：“这就是为什么居尔松女士能当校长，而我只是一个教授的原因。”引起中方陪同人员的一片欢笑。

当听到陪同人员介绍北京人把中央电视台总部大楼习惯性地叫作“大裤衩”时，居尔松笑道：“原来中国的‘裤衩’竟然是这个样子的，比我们土耳其人穿的可大多了，能装好几千人。”逗得大家又是一片笑声。当陪同人员对两位老人介绍“鸟巢”、“鸟蛋”、“鸟头”和“鸟腿”是中国各地的游客们来北京必看的四座新建筑时，居尔松又提起了兴致，说：“让我猜猜！嗯……‘鸟巢’我去过，是你们的国家体育场。‘鸟头’我也见过，就是‘鸟巢’边的那座大厦。‘鸟蛋’嘛，是不是就是长安街的国家大剧院？至于‘鸟腿’吗，我真的没有印象了，想不到是哪里。”陪同人员回应道：“中国有两句古语。一句叫作‘远在天边，近在眼前’，另一句叫作‘不识庐山真面目，只缘身在此山中’。您再好好想想？”居尔松教授皱起了眉心，仿佛一脸深思的模样。就在居尔松体味这两句中国古语时，阿赫麦特教授“抢答”道：“该不会就是这‘大裤衩’吧？”阿赫麦特教授的诙谐感染了所有人，笑声灌满了整个大厅。

结束了在中央电视台的参观，居尔松教授夫妇直奔中国传媒大学，去参加这次中国之行最重要的一次会面。

中国传媒大学是居尔松与中国教育界展开深入交流和合作的第一所中国知名高校，因此居尔松特意将访问的首站定在了这里，以充分表达她对中国传媒大学的特殊感情。

中国传媒大学是教育部直属的国家“211工程”重点建设大学，已正式进入国家985“优势学科创新平台”项目重点建设高校行列，其前身是创建于1954年的中央广播事业局技术人员训练班。1959年4月，经国务院批准，学校升格为北京广播学院。2004年8月，北京广播学院更名为中国传媒大学。中国传媒大学坚持“结构合理、层次分明，重点突出、特色鲜明，优势互补、相互支撑”的学科建设思路，充分发挥传媒领域学科特色和综合优势，形成了以新闻传播学、艺术学、信息与通信工程为龙头，文学、工学、艺术学、管理学、经济学、法学、理学等多学科协调发展，相互交叉渗透的学科体系。作为信息传播研究领域的学术重镇，中国传媒大学致力于传媒内容和形式创新研究、传媒高新技术研发以及为政府企事业单位决策咨询服务，形成了一批重要科研成果，成为中国传媒教育的执牛耳者。

在中国传媒大学，居尔松教授受邀以流利的英语为全校的女教授们作了一场精彩绝伦的学术讲座。讲座紧扣“高等教育面临的挑战、女性领导和领导力的作用”的主题，围绕着三个问题——高等教育中的领导力、科学界的女性和高等教育女性领导力展开。在讲座中，她首先指出，当今社会处于不断变化中，全球化时代，高等教育面临来自经费、教学方式、教学内容、管理、教学服务和高校结构等方面的挑战，这些挑战也为高等教育带来了相应的变化，高等教育机构只有两种选择：改变或维持现状。萨拉莫教授随后指出，领导和领导力在高等教育的变化过程中发挥着至关重要的作用，高校的领导团队应该能够在学校内部建立起可持续的机制，以确保学校进一步发展。之后，她介绍了欧盟国家科学界中存在的纵向和

居尔松教授夫妇与刘继南教授共进工作早餐

横向隔离的性别不平等状况，并以土耳其为案例进行了详细分析。在讲座的最后一部分，居尔松教授以她创办的欧洲大学女校长论坛为例，向听众介绍了欧洲高等教育中女性领导力的情况，并深情回顾了欧洲大学女校长论坛与世界大学女校长论坛之间的合作与对话，呼吁大家携手共进，相互帮助，积极改善和促进女性在高等教育中的发展状态。

讲座内容有理有据，高屋建瓴，引起了在座女教授们深刻的思考和广泛的共鸣。讲座结束后，中国传媒大学校长苏志武教授宴请了居尔松教授，双方深入交流了各自的情况，并希望能在未来展开多样和深入的合作。

中国传媒大学数十位女教授聆听居尔松教授的讲座

苏志武校长（前排左四）与居尔松教授夫妇合影留念

在讲座之余，居尔松教授还专门参观了承载着中国传媒人历史传承的中国传媒大学传媒博物馆。

中国传媒大学传媒博物馆于2012年10月26日开馆，博物馆通过对传媒领域成果的集中展示，展现出传媒发展的历史风貌和行业的整体水平与综合实力。

中国传媒大学传媒博物馆于2009年开始筹建，是集传媒历史与文物、传媒产品与展示、传媒教育与研究、传媒技术与陈列于一体的专业性博物馆。现有馆藏作品12000余件，其中文献档案照片1000件、音视频资料4000件、文物7000件。传媒博物馆包括传媒教育馆、传输馆、广播馆、电视馆、电影馆、广告馆、印刷馆、动漫馆、口述历史馆、体验馆10个分馆。各分馆将借助文献、图片、实物、多媒体等手段，从不同角度诠释传媒各领域的历史演进。馆内还设有观众互动环节。传媒博物馆一期工程展览面积近3000平方米，由广播馆、电视馆、电影馆、传输馆四个分馆组成，形成“四馆七厅一条传媒科技走廊”的展览格局，重点展示中国广播电视事业从诞生、初步发展到全面崛起的历程。传媒博物馆已初步实现展示、收藏、研究、教育和社会服务的功能，今后将继续努力，力争建成一座以广播电视为主体，涵盖印刷、广告、动漫、新媒体以及其他文化产业元素、特色鲜明的国家级博物馆。

居尔松和阿赫麦特在专业讲解人员的陪同下，了解了中国传媒大学的历史沿革以及整个中国60年来传媒事业的巨大变革和飞速发展。他们被中国传媒人所取得的成就深深触动，表达了回国后一定着力宣传中国传媒大学在传媒领域所取得的成果，尽力促成土中两国在传媒学术领域的交流与合作的意愿。

在中国传媒大学的访问行程是短暂的，又是丰富的，更是让人难以忘怀的。在与中国传媒大学的同仁依依惜别之后，居尔松教授一行又马不停蹄地走访了首都其他的知名高校。

清华大学，特别是清华大学环境学院是居尔松迫切希望走访的院校。因为居尔松曾长期带领课题组对建筑环境科学方面的项目展开攻关，所以清华大学环境学院无疑是她进行经验交流、寻求优势互补的最合适的访问对象。

清华大学环境学院源于1928年设立的市政工程系，在中国环境工程学科奠基人陶葆楷先生的带领下，经过几代人的艰苦奋斗逐步发展壮大。1977年建立中国第一个环境工程专业，1984年成立环境工程系，1988年被评为中国唯一的环境工程重点学科；1997年更名为环境科学与工程系，2001年和2007年两次蝉联环境工程国家重点学科，2009年在教育部学科评估中获得环境科学与工程一级学科第一名；2011年在清华大学喜庆百年华诞之际发展为环境学院。在最近的数十年中，环境学院在学科建设、人才培养、科学研究、师资队伍、基地建设、国际合作等方面取得了优异的成绩，建立了以环境工程、环境科学、环境管理、市政工程、辐射防护与环境保护、生态学为重点的学科体系，组建了一支以钱易院士、郝吉明院士和陈吉宁校长为学术带头人的高水平师资队伍，培养了一大批环境保护工程技术、科学研究和行政管理人才，已经有六名环境学科的教师和校友当选中国工程院院士；建立了“环境模拟与污染控制国家重点联合实验室”、“联合国环境规划署巴塞尔公约亚太地区协调中心”等高水平的开放式研究机构，成为中国重要的环境保护高层次人才培养基地和高水平科学研究中心，在环境保护领域享有极高的声誉。

居尔松教授夫妇在清华大学环境学院走访交流

居尔松教授夫妇与时任清华大学党委常务副书记陈旭教授（左三）会谈

居尔松在这里如获至宝，表现出了建筑学专家的高超学术水平。她在室内环境维护、能源再利用、智能住宅乃至太阳能方面都提出了自己的看法和问题，与清华大学环境学院的专家们进行了充分的智慧碰撞，既交流了各自的经验，也向中国学界同仁们介绍了土耳其以及欧洲在该领域所取得的成果。宾主双方相谈甚欢，环境学院向居尔松教授发出了邀请，希望她在合适的时候能够再次到访，并为清华学子们奉献一场精彩的学术讲座。

在与清华大学环境学院的同仁们深入交流之后，居尔松教授一行受到了时任清华大学党委常务副书记陈旭教授的亲切接见。双方进行了深入的会谈，希望在全新的角度、全新的领域，展开更为全面的交流和合作。会谈后，陈旭教授专门主持欢迎午宴，接待了居尔松教授夫妇。居尔松教授也向陈旭教授发出了诚挚的邀请，希望她在合适的时间能访问土耳其。陈旭教授欣然接受了邀请。

居尔松教授夫妇在清华大学留影

居尔松教授夫妇在清华大学认真听取介绍和讲解

居尔松教授夫妇访问清华大学

北京大学创办于1898年，初名京师大学堂，是中国第一所国立综合性大学，也是当时中国最高教育行政机关。这一点居尔松教授略有耳闻，因而这所中国历史最悠久的大学也十分吸引居尔松的注意。

居尔松教授夫妇在北京大学交流访问

在北京大学访问期间，居尔松教授与北京大学校长王恩哥教授在燕园幽静凝重而又不失活泼的氛围中进行了短暂的晤谈。王恩哥教授十分欢迎土耳其方面的高校领导人到访北大，并简要介绍了北大的历史沿革和现状，在得知伊斯坦布尔科技大学有200多年的历史时，不禁赞叹“伊斯坦布尔科技大学是历史名校”。居尔松教授向王恩哥教授发出了邀请，希望他能在合适的时机访问伊斯坦布尔科技大学，并开展相关的学术交流。

在访问高校和相关机构之余，居尔松教授不忘其专业本行，在百忙之中，特意挤出时间观摩中国近年来的建筑奇迹。在前次访华期间，居尔松已经饱览了“鸟巢”国家体育场和“水立方”国家游泳馆，此次，美籍华裔建筑大师贝聿铭自称“收山之作”的中国银行总行大厦进入了居尔松的视线，成为她中国之行的一个必到之处。

居尔松教授在北京大学交流访问

贝聿铭家族与中国银行有着极深的历史渊源，他的父亲贝祖贻在上个世纪20年代创办了中国银行香港分行。时隔60年的1984年，贝聿铭设计了70层楼高300米的中国银行香港分行大厦。1989年，贝聿铭又指导儿子贝建中、贝礼中开始设计中行总行大厦。

中行总行大厦位于离故宫约两公里的西单商业闹市区长安街边，大厦主体高度为45米，南面和东面两个入口各宽54米，高9米，进深14米，在仅有45米的高度衬托下，建筑的体量显得很大。

在中行总行大厦的建筑上，贝聿铭善用几何形体设计的特点再次得到展现，与他设计的美国华盛顿国家美术馆东馆、香港中国银行大厦、位列“当代建筑的十大奇迹”之首的法国巴黎卢浮宫金字塔等一样，中行总行大厦也具有强烈的几何雕塑感，体现出他的个性。贝聿铭一直追求依托传统又超越传统的建筑风格，因此其作品总是与众不同，从而能成为经典。

中行总行大厦贵宾入口的玻璃墙，以三角形为主，菱形、圆形、方形、半球体为辅构成，简洁中蕴涵了变化，简单的数学几何语言使人易懂且融合进去，而且没有民族界限。大厅内部，西北两侧高墙上的八个巨大切面，使空间视觉效果得到明显改善，而且体现了银行的实力和应有的威严，中间切面上的中行标志非常醒目。切面之间，悬挂着一个钢制大圆环，起到与切面缓和的作用。大厅内部墙壁有四个大圆孔，保证了西北两个方向的视觉延伸。由东南角的主入口进去，正好与切面组成的几何构造的内部空间遥相呼应，中间的楼梯两旁的绿化形成了愉悦的视觉走廊，拾阶而上，形成了上下两层的业务空间。外墙与大厅内部颜色、装修保持一致，保证了内外空间的延续，扩大了内涵的外延。

建筑内部镂空设计了一个大堂，透明玻璃使内外通透，从而使建筑笨重感顿失，整个大厅无梁无柱，视野开阔，内外一体，气势惊人却毫无压迫感。大厅建筑的布局类似北京的四合院。大堂位于东南角，类似天井。西、北两侧分布写字楼，写字楼窗户不但向外开，也向大堂开。大堂内的人工绿化和景观基本上是园林色彩，大厅小池里面的金鱼欢快地游着，表现出一种传统的古韵。

在这里，居尔松再次被深深震撼，领略了中国建筑的巧妙构思和鬼斧神工。居尔松和阿赫麦特不停地交流着感想，并与世界和土耳其同样的建筑展开比对，从中提炼出有价值有意义的创想，以运用到未来的实践中去。

学术交流是居尔松教授此行的主要任务，深切直观地体验中国文化并向土耳其和欧洲的同行宣传中华文明更是她的一项重要使命。在北京感受中国传统文化最直接的方式莫过于进茶馆，听京

中国传媒大学党委副书记刘利群教授陪同居尔松教授夫妇在茶馆欣赏京剧

剧。对于教授夫妇而言，进一次茶馆，听一次京剧，确实是一次非凡的感受中国传统文化精粹的经历。

茶馆是爱茶者的乐园，也是人们休息、消遣和交际的场所。中国的茶馆由来已久，据记载两晋时已有了茶馆。老北京的传统茶馆更是具有鲜明的特征，以“老舍茶馆”为代表的老北京茶馆历史悠久、内涵丰富、层次复杂、功能齐全。进入21世纪后，北京茶馆的风格形式、经营项目更加多元，各地茶馆的风格特色都可以在北京找到。同时，商务功能和外来文化也在北京茶馆得到了体现，茶馆以热闹的锣鼓声、丰富的演出逐渐成为外国游客了解中国文化的重要场所，而京剧正是以茶馆为载体的一项重要内容。

京剧是在北京形成的戏曲剧种之一,至今已有200年的历史。它是在徽戏和汉戏的基础上，吸收了昆曲、秦腔等一些戏曲的优点和特长逐渐演变而形成的。公元1790年(清乾隆五十五年)，徽戏开始进京。最早进京的徽戏班是享有盛名的安徽“三庆班”，随后又有“四喜”、“和春”、“春台”诸班，史称“四大徽班”（四大徽班从扬州进京）。四大徽班和以后陆续进京的徽班，以其优美动听的唱腔和精湛的表演受到观众的欢迎。京剧从全国300多个戏曲剧种中脱颖而出，与豫剧、越剧同为中国戏曲三鼎甲。京剧形成后在清朝宫廷内开始快速发展，直至民国得到空前的繁荣。京剧通过无数艺人的长期舞台实践，构成了一套互相制约、相得益彰的格律化和规范化的程式。它创造舞台形象艺术的手段十分丰富，用法又十分严格。不能驾驭这些程式，就无法完成京剧舞台艺术的创造。由于京剧在形成之初便进入了宫廷，它的发育成长不同于地方剧种。要求它所要表现的生活领域更宽，所要塑造的人物类型更多，对它的技艺的全面性、完整性也要求更严，对它创造舞台形象的美学要求也更高，同时也相应地减弱民间乡土气息，纯朴、粗犷的风格特色相对淡薄。因而，其表演艺术更趋于虚实结合的表现手法，最大限度超脱了舞台空间和时间的限制，达到“以形传神，形神兼备”的艺术境界。表演上要求精致细腻，处处入戏；唱腔上要求悠扬委婉，声情并茂；武戏则不以火爆勇猛取胜，而以“武戏文唱”见佳。京剧的腔调以西皮和二黄为主，主要用胡琴和锣鼓等伴奏，被视为中国国粹。

虽然不甚理解京剧的唱念做打，但是，居尔松教授和阿赫麦特教授还是表现出极高的艺术造诣和欣赏水平。在观赏了若干经典选段之后，居尔松教授称赞道：“京剧的故事情节耐人寻味，‘歌唱’方式韵味醇厚。京剧舞台艺术在文学、表演、音乐、锣鼓、

京剧谢幕

化妆、脸谱、服饰等各个方面，具有不可替代又无法比拟的美感，是中国艺术的集大成者，是世界文化的瑰宝。我和阿赫麦特确实不虚此行！”

结束了紧张的北京之行，居尔松和阿赫麦特又在中国教育电视台副台长吕学武教授的陪同下远赴西安，展开了中国古代文化之旅。

提起西安，最值得一提的就是秦始皇陵兵马俑。兵马俑就如同拥有神秘的魔力一样，吸引着全世界游客的目光，居尔松和阿赫麦特也不例外。

在品尝了西安特色小吃羊肉泡馍之后，两位老教授迫不及待开始了“兵马俑之旅”。

秦始皇兵马俑博物馆位于西安市临潼区，距市区约35公里，是秦始皇嬴政陵墓的一部分。1987年，被列入世界文化遗产保护名录。

秦始皇兵马俑是世界上最大的地下军事博物馆。俑坑布局合理，结构奇特，在深五米左右的坑底，每隔三米架起一道由东向西的承重墙，兵马俑排列在墙间空当的过洞中。秦陵内共有三个兵马俑坑，呈品字形排列。秦始皇一号俑坑，呈长方形，东西长230米，南北宽62米，深约五米，总面积14260平方米，四面有斜坡门道。俑坑中最多的是武士俑，平均身高1.80米左右，最高的1.90米以上，陶马高1.72米，长2.03米，战车与实用车的大小一样。但兵马俑并非按原比例还原，据记载秦国人的身高在1.65米左右。秦俑大部分手执青铜兵器，有弓、弩、箭镞、铍、矛、戈、殳、剑、弯刀和钺。青铜兵器因经过防锈处理，埋在地下两千多年，至今仍然光亮锋利如新，它们是当时的实战武器。士兵身穿甲片细密的铠甲，胸前有彩线挽成的结穗。军吏头戴长冠，数量比武将多。秦俑的脸型、身材、表情、眉毛、眼睛和年龄都各有不同。

居尔松教授参观西安秦始皇兵马俑

居尔松教授夫妇与中国教育电视台副台长吕学武教授(右一)在西安古城墙合影留念

兵马俑多用陶冶烧制的方法制成，先用陶模做出初胎，再覆盖一层细泥进行加工刻画加彩，有的先烧后接，有的先接再烧。其实秦始皇时期的兵马俑个个都有鲜艳和谐的彩绘。当年工匠犯了一个错，他们在烧制过后才上色。在发掘过程中人们发现有的陶俑刚出土时局部还保留着鲜艳的颜色，但是出土后由于被氧化，颜色不到一个小时即消尽，化作白灰，能看到的只是残留的彩绘痕迹。兵马俑的车兵、步兵、骑兵列成各种阵势，整体风格浑厚、健壮、洗练。如果仔细观察，脸型、发型、体态、神韵均有差异：陶马有的双耳竖立，有的张嘴嘶鸣，有的闭嘴静立。所有这些秦始皇兵马俑都富有感染人的艺术魅力。

居尔松教授夫妇在西安城墙留影

统一六国之后，秦国实行征兵制，兵源来自全国各地，这恐怕是他们在脸型、表情、年龄上各有差别的主要原因。工匠们用写实的艺术手法把它们表现得十分逼真，在这个庞大的秦俑群体中包含着许多显然不同的个体，使整个群体更显得活跃、真实、富有生气。纵观这千百个将士俑，其雕塑艺术成就达到了一种完美的高度。无论是千百个形神兼备的官兵形象，还是那一匹匹栩栩如生的战马塑造，都不是机械地模仿，而是着力显现它们“内在的生气、动力、情感灵魂、风骨和精神”。绝大部分陶俑形象都充满了个性特征，显得逼真、自然而富有生气。人们在俑坑所发现的种类齐全、数量空前的青铜兵器，极大地丰富了秦兵器研究的领域，其中长铍、金钩等都是兵器考古史上的首次发现。兵器铸造的标准化工艺、兵器表面防腐处理技术的发现和研究填补了古代科技史研究的空白。而秦俑的设计者为了再现2000年前秦军“奋击百万”、气吞山河的磅礴气势，他们不仅仅追求单个陶俑的形体高大，而且精心设计了由8000余件形体高大的俑群构成一组规模庞大的军阵体系。右侧为一个巨大的方阵，左前方为一个大型疏阵，左后方则是指挥部。那数千名手执兵器的武士，数百匹拽车的战马，一列列、一行行，构成规模宏伟、气势磅礴的阵容。有的头挽发髻、身穿战袍、足登短靴、手持弓弩，似为冲锋陷阵的锐士；有的免盔束发、外披铠甲、手持弓弩、背负铜镞，似为机智善射的弓箭手；有的头戴软帽、穿袍着甲、足登方口浅履、手持长铍，似为短兵相接的甲士。有身穿胡服、外着铠甲、头戴软帽、跨马提弓的骑士；有头戴长冠、两臂前伸、双手握髻、技术熟练的驭手；有戴长冠、穿战袍、着长甲、手执吴钩的下级指挥官；有头戴鶡冠、身着彩色鱼鳞甲、双手扶剑、气度非凡的将军。这栩栩如生的千百个官兵形象，尤其在神态、个性的刻划方面，显得逼真、自然。如将军俑的形象：身材魁梧，身着双重短褐，外披彩色鱼鳞甲，头戴双卷尾长冠，昂首挺胸，巍然伫立，有非凡的神态和威严的魅力。一般战士的神态：有的嘴唇努起胡角反卷，内心似聚结着怒气；有的立眉圆眼，眉间的肌肉拧成疙瘩，似有超人的大勇；有的浓眉大眼，阔口厚唇，性格憨厚纯朴；有的舒眉秀眼，头微低垂，性格文雅；有的侧目凝神，机警敏锐；有的垂着首，似乎若有所思。秦俑表现的是古代军事题材，它既没有选择两方交战、将士厮杀的战争场面，也没有选择将士休整、屯兵防守的场面，而是捕捉了将士披甲、兵列阵地、严阵以待的临战场面。那一件件披甲执锐的武士俑扬眉张目，肃然伫立，神态坚定而勇敢，他们好似整装待发，又好似处于临战状态；还有那一件件驾车

居尔松教授夫妇在秦始皇兵马俑博物馆留影

的驭手俑，双臂前伸，紧握辔绳，目视前方，待命而发；那一匹匹拽车的陶马，膘肥体壮，张鼻嘶鸣，双目圆睁，两耳竖立；那一件件骑士俑，右手牵马，左手提弓，机警地立于马前，一旦令下，就将驰骋疆场。正是由这千百个充满生气、神态各异的陶俑构成整体静态的军阵，达到了一种意想不到的艺术效果。“静极则生动，愈静则愈动”。唯有这种静态的军阵才能让人们感受到其巨大威慑力的深浅莫测。这样恢宏的阵列，宏伟的构图，空前绝后，无与伦比。

也许是此次中国之旅正如这兵马俑一般，精彩绝伦，无可比拟，居尔松教授不停地念叨着“不可想象”，时不时地驻足欣赏，又时不时地拍照留念，当然最重要的还是与阿赫麦特交流感想。居尔松对吕学武表示：“敢开历史先河、为国家统一不惧困难的信心和勇气，是我们所有人都应该吸取和仿效的。秦始皇统一中国的非凡

居尔松教授夫妇在西安百戏楼

气度和魄力仍不失为我们今天克服前进路上的障碍的巨大动力。一个民族、一个国家想要富强，没有这种气魄是不行的。中国和土耳其一样都是发展中国家，国情有很多相似之处，所以，为了国家的富强、民族的繁荣，中国和土耳其应该增加各方面的合作和交流，为两国的复兴全力以赴！”居尔松的话触动了在场的吕学武和每一位陪同人员，让大家从这个矮小而微胖的老妇人那里感受到了一种与她的体形和年龄不相匹配的活力和张力，每个人都或多或少地理解了居尔松口中的那种“特拉布宗精神”。这正是居尔松作为一位卓越领导者的魅力所在。

在参观中国古老璀璨的名胜古迹之余，居尔松教授夫妇还非常渴望汲取中国非物质文化遗产的宝贵财富。在吕学武副台长的陪同下，居尔松教授莅临西安著名的“大唐芙蓉园”，在饱览大唐胜

居尔松教授夫妇在西安

景的同时，欣赏了一场华丽多姿的《梦回大唐》演出，仿佛剧中活灵活现的人物一般，重回开元盛世。

位于西安市曲江新区的大唐芙蓉园占地1000亩，其中水面300亩，总投资13亿元，是西北地区最大的文化主题公园，建于原唐代芙蓉园遗址以北，是中国第一个全方位展示盛唐风貌的大型皇家园林式文化主题公园，包括紫云楼、仕女馆、御宴宫、芳林苑、凤鸣九天剧院、杏园、陆羽茶社、唐市、曲江流饮等众多景点。大唐芙蓉园创下多项纪录，有全球最大的水景表演，是首个“五感”（即视觉、听觉、嗅觉、触觉、味觉）主题公园；拥有全球最大户外香化工程；是全国最大的仿唐皇家建筑群，集中国园林及建筑艺术之大成。大唐芙蓉园利用各种表现形式来充分、自然地展示盛唐文化。游客在这里，既能领略到神圣恢弘的皇家文化，又可看到“百帝游曲江”那规模盛大的大唐仪仗队，更有杏园探花、雁塔题名、曲江流饮、入仕出相等主题活动。进入芙蓉园，每个建筑和景观都有着迷人的典故传说。漫步其间，高大的古典建筑与粼粼波光让人目不暇接，似乎自从踏入大门的那一刻起，便已倒转时空，梦回唐朝。

大唐芙蓉园全园景观分为12个文化主题区域，从帝王、诗歌、民间、饮食、女性、茶文化、宗教、科技、外交、科举、歌舞、大门特色等方面全方位再现了大唐盛世的灿烂文明。园中亭台楼阁、雕梁画栋，包括有紫云楼、仕女馆、御宴宫、芳林苑、凤鸣九天剧院、杏园、陆羽茶社、唐市等众多景点。园区各景点每天上演各种精彩节目，包括祈天鼓舞、“教坊乐舞”宫廷演出、“艳影霓裳”服饰表演、少林武术表演、舞狮、高跷、杂技等。每晚上演的全球最大水幕电影，集音乐喷泉、激光、火焰、水雷、水雾于一体，带给游客震撼的立体感觉。园区主题演出大型梦幻诗乐舞剧《梦回大唐》，恢宏大气，如梦似幻。同样，这样的一场文化盛筵，也让居尔松教授和阿赫麦特教授赞不绝口，意犹未尽。

居尔松教授夫妇在西安大雁塔留影

居尔松教授在西安参与广场舞

西安之行结束后，居尔松和阿赫麦特又奔赴湖南吉首的凤凰古城，中国传媒大学副校长袁军教授专程前往湖南，接待并会见了教授夫妇。

凤凰古城绵亘逶迤于武陵山脉深处，倚山而筑，环以石墙，濒临沱江，群山环抱，河溪萦回，关隘雄奇。明清遗存的东门和北门城楼，连接着半壁城垣，砺山带河，气势犹存。汉代已在此建县，名辰阳县。隋时为辰溪，设五寨司。清代设凤凰直隶厅，民国元年改为凤凰县。

沱江镇作为县城所在地，已有1000多年建城历史，自古即为湘西地区的政治、军事、经济、文化中心。这里“西托云贵，东控辰沅，北接川鄂，南连粤桂”，是湘黔来往的交通要道，历代为兵家必争之地。乾隆年间，这里商业兴隆，集市林立，商旅云集，民国初年更为繁荣。

居尔松教授夫妇在湘西凤凰古城留影

凤凰古城的建筑拙朴中带有几分秀色。城内石板铺成的街道纵横交错，古朴典雅，两旁多是木板房，房檐伸出来，只见一线天。内中店铺，尽显民族特色。城中心有座建于清末的陈家祠堂，院落布局简洁，院内满铺石板，色调淡雅明快，戏台装修精致，古朴中见秀美。古城东门外沿着沱江，保留着一条狭长的古街，有古城墙、古城门、古钟楼、古码头和一条长长的青石板路，古街两旁的店铺仍保留着当年的门面和旧时的旗幡。这条古街上有座廊桥，叫虹桥。以旧桥墩为基础，上面新建了一个廊桥商场，中间可走行人。沱江水从虹桥的桥墩间流过，虹桥的倒影映在江水中，江中小敞篷船游弋。在斜阳的辉映下，充满诗情画意。沱江两岸飞檐翘角的吊脚楼连成一片，蔚为壮观。一江春水从古城墙下蜿蜒而过，翠绿的南华山麓倒映在江心。山色青苍雨洗不去，鸟声宛转随风而来。江中渔舟点点，山间鸟声啾啾，岸边炊烟袅袅，桥畔笑声朗朗……

居尔松教授夫妇与中国传媒大学副校长袁军教授会面

居尔松教授与中国传媒大学副校长袁军教授互赠礼物

凤凰古城山川秀丽、历史悠久、人文荟萃，民族风情浓郁，有着“中国最美的小城”之称，至今仍较完整地保留了明清时期形成的传统格局和历史风貌，保存有文昌阁、天王庙、奇峰寺、大成殿、朝阳宫等100多处明清建筑，及沙湾古民居区、回龙阁吊脚楼群、沈从文故居等有较高历史文化价值的风土建筑；沱江两岸多飞檐翘角的吊脚楼，与清澈秀丽的沱江交相辉映；古城西郊的唐“渭阳”县旧治黄丝桥石头城保存完好，始建于明代的“南方长城”——苗疆边墙蜿蜒起伏，形成了独特的人文景观；有戏剧“活化石”之称的傩戏、流传数百年的苗族蜡染等至今光彩照人。

凤凰古城是苗族聚居地。每逢苗家喜庆的日子，都能听到高亢激越、浑厚悠远的鼓声。在吊脚楼外的绿茵上，在哗哗的溪流旁，成群的苗族青年男女，围在一堆堆篝火旁，挥动着鼓槌，在一面面牛皮大鼓上敲击。高潮时，伴有木叶、唢呐的吹奏声和苗歌声，与鼓声交汇融合，像一首原始古朴的交响曲，将人带入一个神奇的音乐天地。这就是起源于唐代的凤凰苗族花鼓，至今已有上千年历史。湘黔苗族都有花鼓，唯有凤凰花鼓独树一帜，它是一种慢鼓，鼓声雄壮威武。

凤凰之美，美在山清水秀，美在人杰地灵，美在天人合一。不负天地钟灵毓秀之德，古城孕育着一代代既勤劳、勇敢、朴实又富有灵气的凤凰人，不管是苗族人、土家族人或是汉族人，他们吃苦耐劳、勇于进取，崇文尚武、人才辈出，其中佼佼者有抗英名将郑国鸿，民国第一位内阁总理熊希龄，著名作家沈从文，著名画家黄永玉……

当问及居尔松和阿赫麦特为何会把凤凰古城作为自己考察的一站时，居尔松说："当年阿赫麦特的父亲，也就是我的公公从中国云南回到土耳其之后，他对中国云南赞不绝口，还把照片做成精美的影集展示给我们看。那种原生态的中国美让我们魂不守舍，因此走访中国西南的少数民族地区，去感受异域的风情，去体验原汁原味的东方味道，去观摩原始的中国建筑就成了我们这辈子必须实现的计划之一。由于我们不懂 中文，只知道中国云南有这样的文化古迹，因此，我们遍访朋友和网络，希望能得到更多一点的信息。没想到在网络上搜集类似信息的时候，一张江边吊脚楼的图片吸引了我们，这不是我们梦中的那个场景吗？后来，我们才知道那里不是云南，而是在湖南。因此，我们决定改道来湖南，去体验一下与云南略有不同的中国原生态文化。"

居尔松教授夫妇在苗王城合影

居尔松教授与苗族女孩合影

凤凰古城果真没有让居尔松失望，她对传统中国的好奇心得到了极大的满足，她无法想象这么一个山沟沟里的小镇竟然有如此大的魔力，让她一生无法忘却。在知道这里就是中华民国第一位内阁总理熊希龄的家乡时，她说了一句让袁军教授和陪同人员都回味无穷的话："情理之中，意料之外。"这或许就是凤凰古城给居尔松带来的别样的感悟吧？

挥别了历史厚重、古韵古香的凤凰古城，世界上最现代、最高、最大的矮寨特大悬索桥成了居尔松和阿赫麦特下一个目的地。

矮寨特大悬索桥，位于湖南湘西矮寨镇境内。矮寨悬索桥，距吉首市区约20公里，跨越矮寨镇附近的山谷，德夯河流经谷底，桥面设计标高与地面高差达330米左右。桥型方案为钢桁加劲梁单跨悬索桥，全长1073.65米，悬索桥的主跨为1176米。该桥跨越矮寨大

居尔松教授夫妇在湘西矮寨大桥

峡谷，主跨居世界第三、亚洲第一。工程计划投入7.2亿元，占吉茶高速公路计划总投资的15%。2012年3月底，创四项世界第一的湖南矮寨特大悬索桥正式通车。

在矮寨特大悬索桥高达330米的步行观光道上，包括袁军教授在内的所有陪同人员都成了阿赫麦特教授的忠实听众。因为阿赫麦特教授主攻地质与建筑的关系，对于桥梁建设有着极高的学术造诣。当大家都在关注数据上的“第一”时，他向陪同人员娓娓道来，细数出矮寨特大桥内在的工程创举。他说：“第一，矮寨大桥首次采用碳纤维预应力索对岩锚底座进行锚固。将岩锚吊索所受的拉力传至地面岩体上，常规岩锚索预应力筋材采用钢绞线，矮寨大桥根据研究试验后采用了高性能的碳纤维作为预应力筋材，与传统钢绞线相比，碳纤维材料具有重量轻、强度高、耐腐蚀的特点，为桥梁的安全提供充分的保障。第二，首次在悬索桥上使用大型岩锚吊索。由于使用了塔梁分离式悬索桥结构，使钢桁梁长度小于主塔中心距，主缆存在无吊索区，吊索卸载应力为零的情况就会出现，并且对大桥的钢桁梁受力也有不利影响。因而，大桥采用岩锚吊索结构。岩锚吊索作为调节器，让主梁受力平衡。第三，首次采用塔梁完全分离结构。一般悬索桥设计中，塔与梁相接，但矮寨大桥索塔位置距悬崖边缘仅70-100米，下面即是数百米高的谷底，地形比较特殊。使用塔梁完全分离结构可以最大限度减少对山体的开挖，缩短钢桁梁长度，节省投资。此外还有，首次采用轨索移梁工艺进行主桁梁架设。轨索移梁法即利用大桥永久吊索，在其下端安装水平轨索，再将水平轨索张紧作为加劲梁的运梁轨道，实现由跨中往两端节段拼装大桥的钢桁加劲梁。相对于桥面吊机拼装方案，轨索移

居尔松教授在矮寨大桥

梁方案可大大减少钢桁梁的高空拼装作业，既可节省工期和节约投资，又有利于保证施工安全及施工质量。”当大家对充满学术名词的讲解似懂非懂之时，阿赫麦特教授又举例讲解起来。

聆听着阿赫麦特教授深入浅出的讲解，即使对桥梁不甚了解的人也会对矮寨大桥真正的创举之处有了认识。陪同人员没想到，土耳其客人对中国建筑的认知如此深刻和透彻，在感慨阿赫麦特教授扎实深厚的学术功底之余，不禁对这位安静的小老头陡增了一份好感。

随后，居尔松和阿赫麦特教授还走访了该地区的高等学府——吉首大学。

吉首大学创办于1958年9月，是位于湘鄂渝黔边区大湘西区域内一所具有地方性、民族性特色的省属综合性大学，是地处中国西部开发“10+3”范围民族地区的高校，是湖南省唯一进入中国西部大开发范围的高校，是国家《武陵山片区区域发展与扶贫攻坚规划》确定的重点建设高校，是中国“中西部高校基础能力建设工程”高校，是中国“服务国家特殊需求博士人才培养项目”高校。学校重视对外交流，先后与美国、英国、韩国、乌克兰、日本及中国香港、台湾20余所高校开展了合作交流。学校部分师生多次出国访学、交换学习，少数民族艺术团曾应邀赴美国、中国香港等地演出，影响广泛。

在吉首大学，居尔松夫妇把行程的重点放在了著名画家黄永玉捐建的艺术博物馆里。

黄永玉是中国画院院士，著名画家和收藏家。他1924年7月9日出生在湖南省常德县（今常德市鼎城区），祖籍为湖南省凤凰县城。土家族人。笔名黄杏槟、黄牛、牛夫子。受过小学和不完整初级中学教育。因家境贫寒，12岁就外出谋生，流落到安徽、福建山区小瓷作坊做童工，后来辗转到上海、台湾和香港。14岁开始发表作品，以后一段时间主攻版画，其独具风格的版画作品饮誉国内外。16岁开始以绘画及木刻谋生。曾任瓷场小工、小学教员、中学教员、家众教育馆员、剧团见习美术队员、报社编辑、电影编剧及中央美术学院教授、中国美协副主席。2003年7月，黄永玉先生偕同美国著名博物馆专家哈维·韦斯特先生造访吉首大学，表示愿将毕生收藏的文物200余件捐赠给家乡的大学——吉首大学。以后又表示愿将自己创作的部分书画作品及文稿捐赠给吉首大学。为感谢黄永玉先生对家乡和家乡大学的厚爱，学校决定创办黄永玉艺术博物馆，以保护和宣传人类优秀文化成果和智慧创造，为人类文明和社会进步做一份有益的工作。黄永玉先生收藏的文物是各个时代人类文明的实物例证。黄永玉先生创作的大量美术和文学作品极富想象力和创造性，是中西文化合璧的绝妙佳作，是人类智慧的结晶。创办黄永玉艺术博物馆，意义重大，影响深远。它是黄永玉艺术成就和思维特色研究的重镇；是启迪心智、开发智力的锁匙；是探讨社会人生和艺术创作规律的阵地；是传承文明，进行中外文化交流的桥梁。

在欣赏大师作品和藏品的过程中，居尔松教授对传统的中国水墨画和书法有了崭新的认识，她从建筑学的角度分析和解构了黄永玉美术作品的内容，从中提炼出一种新的美感，并与在场的数十名陪同人员和师生分享。大家头一次聆听到居尔松教授从建筑美学角度对绘画美学的剖析，都感觉如沐春风，对大师作品也有了与以往不同的感悟。

在参观走访之余，居尔松教授还欣然同吉首大学的师生进行了简单的座谈，吉首大学师生为迎来了国际知名的学术大师而兴奋异常。

结束了吉首的行程，居尔松的中国之旅进入了高潮。她将飞抵广州与她的一位老朋友展开一场工作对话。这位老朋友就是世界大学女校长论坛主席刘继南教授，她已经早一日飞赴广州，期待着与欧洲大学女校长论坛主席居尔松的再次会面。

居尔松教授夫妇在广州亚运会场馆合影

在广州，居尔松和阿赫麦特教授受到了刘继南教授的热情招待。俗话说："食在广州"，居尔松和阿赫麦特此次可是对这句中国俗语有了更直观的感受。在遍尝中国美食之余，居尔松教授还参观了广州的标志性建筑：广州电视塔和广州图书馆。

广州塔位于广州市中心的城市新中轴线与珠江景观轴交汇处，与海心沙岛和广州市21世纪CBD区珠江新城隔江相望，是中国第一高塔，世界第三高塔。2010年9月28日，广州市城投集团举行新闻发布会，正式公布广州新电视塔的名字为广州塔，整体高600米，为国内第一高塔，而"小蛮腰"的最细处在66层。从2010年10月1日起，广州塔正式公开售票接待游客。2011年获评"羊城新八景"之首"塔耀新城"，成为"游广州，必游广州塔"的新景点。

居尔松教授夫妇在广州留影

居尔松教授夫妇在广州塔合影

广州塔塔身设计方案为椭圆形的渐变网格结构，其造型、空间和结构由两个向上旋转的椭圆形钢外壳变化生成，一个在基础平面，一个在假想的450米高的平面，两个椭圆彼此扭转135度，在腰部收缩变细。格子式结构底部比较疏松，向上到腰部则比较密集，腰部收紧固定了，像编织的绳索，呈现“纤纤细腰”，再向上格子式结构放开，由逐渐变细的管状结构柱支撑。平面尺寸和结构密度是由控制结构设计的两个椭圆控制的，它们同时产生了不同的效果。整个塔身从不同的方向看都不会出现相同的造型。顶部更开放的结构产生透明的效果可供瞭望，建筑腰部较为密集的区段则可提供相对私密的体验。可抵御烈度7.8级的地震和12级台风，设计使用年限超过100年。虽然广州新电视塔的塔身高度并不追求全球第一，但如果加上150米的发射天线，整体600米高的广州新电视塔仍是亚洲最高。

在广州塔下，居尔松和阿赫麦特禁不住连声称赞，他们对中国改革开放以来所取得的成就感到震惊并由衷地表示赞叹。当夜游珠江时，伴随着光彩的游移，广州塔表现出了似幻似真的面目，让两位老人欣喜不已，他们在甲板上紧紧地相偎在一起，有说有笑。似乎是在怀念他们的幸福时光，抑或不是，因为他们看起来依然朝气蓬勃，浓情蜜意，就像一对年轻的伉俪一般。

在广州图书馆参观之时，居尔松和阿赫麦特得知这里配备了盲人阅读辅助设施，因阿赫麦特教授的父亲是聋哑盲人教师的缘故，他们一下子提起了兴趣，开始在工作人员的介绍下，认真地了解起这些设施的运作情况。阿赫麦特说：“尽管这不是我的专业，但这是我父亲的专业，他一生都在为聋哑盲人谋福祉，希望他们能在这

居尔松教授在广州

居尔松教授与刘继南教授在广州合影

个社会生活得更便利，更有尊严。因此，当然的，我继承了父亲的一些心愿，也希望和居尔松在推动女性事业发展的同时，能够为残疾人事业贡献一份力量。”

结束了各项参观访问，刘继南教授与居尔松教授的会谈正式开始。双方各自介绍了近几年两大组织的发展和成果，也沟通了各自遇到的瓶颈和难题。居尔松教授十分钦佩刘继南教授能够把这么一个世界性的组织领导得如此高效和富有成果。刘继南教授也格外赞赏在欧洲名校林立的情况下，居尔松教授能够拥有崇高的威望和声誉，众望所归地担负起领导欧洲大学女校长大会的各项事业的责任。宾主双方在坦诚热烈的气氛中，进行了长达三个小时的会谈，达成了诸如进一步加强组织合作和协调工作等重要共识，并对今后的工作重点进行了深入和充分的讨论。

居尔松教授在广州

居尔松教授夫妇与刘继南教授会面

天下没有不散的宴席。尽管居尔松此次中国之行长达11天，走访了四省市的多所高校和机构，与中国的同仁，尤其是刘继南教授进行了富有成果的会谈，然而，离别的日子还是到了。居尔松和阿赫麦特的脸上挂着留恋和怀念，因为中国太美了，中国朋友太热情、太周到了；当然除了留恋和怀念，他们的眼里还流淌着喜悦，因为他们见到了中国老朋友，并取得了丰硕的访问成果。就在这不停的“感谢”和“珍重”的惜别声中，居尔松和阿赫麦特的身影渐渐远去，消失在候机大厅中。想必和中国的朋友一样，居尔松的心里也是沉甸甸的，因为那是一份无法言表的友谊和深情。

尾 声

在与居尔松·萨拉莫教授相处和谈话的时候，人们感受最深的是她所独有的强大的自信和活力，这种自信和活力是如此的炽烈，以致周围任何人都会被她温暖和吸引。她的语速很快，字字掷地有声，每个字进入听众的耳朵都会在耳道和大脑里跳跃、回响，让人无法不把注意力集中在她的身上。这就是领导者的能力和魅力。

中国有句俗话：“一个成功男人的背后必然有一个优秀的女人。”同样，对于居尔松而言，这也是成立的，只不过在这个成功的女性背后，有一个温馨和强大的家庭，和蔼的祖父，坚定的父亲，体贴的母亲，善良、忠心、隐忍和温柔的丈夫，还有孝顺的孩子，构成了居尔松稳定而坚实的依靠和避风港。

恰好居尔松·萨拉莫名字中的“居尔”在土耳其语中是“玫瑰”的意思，她的“怒放”已经改变了土耳其高等教育界、建筑界男性一统天下的面貌。而且居尔松这朵怒放的玫瑰也在为更多的花朵做出榜样，激励她们去改变自己的命运和未来。相信会有更多的花朵在居尔松的感召和呵护下，茁壮成长，一朵朵怒放在小亚细亚这个穆斯林国度。

当然，最重要的是，我们希望这朵怒放的玫瑰能够永远艳丽和芬芳！

附　录

居尔松·萨拉莫教授访谈纪要

2012年3月，经过大量的沟通和协调工作，在世界大学女校长论坛主席刘继南教授和欧洲大学女校长论坛主席居尔松·萨拉莫教授的协助下，本书作者徐滋远赴土耳其伊斯坦布尔，对居尔松·萨拉莫教授展开了多次难忘的访谈。此后双方又多次联系，谈及了居尔松教授中国之行等更多的话题。因为感觉原汁原味的访谈能更直观地体现居尔松教授的人格魅力和非凡经历，故把一部分访谈翻译整理如下：

徐滋（以下简称“徐”）：非常感谢您能够接受世界大学女校长论坛主席刘继南教授的邀请，并允许我成为您的传记作者，向我，还有中国乃至全世界的读者，打开您心灵的大门，让我们一同体味您非凡的经历，仰视您40年来的伟大成就。

居尔松·萨拉莫教授（以下简称“居”）：徐老师，应该表示感谢的是我。非常感谢我的好朋友世界大学女校长论坛主席刘继南教授能把我也考虑在内，通过我来表现土耳其女性在近些年来取得的成绩。当然，我也很欣喜地看到，在刘继南教授的领导下，世界大学女校长论坛的发展如火如荼，在世界上的影响越来越大，希望她能够领导这一世界性组织发挥更大的作用。

徐：正如您所说，您与刘继南教授是亲密的朋友，分别领导着国际化的两个女性领导者论坛，您当时如何萌生了开创欧洲大学女校长论坛的想法呢？

居：这个说来话长了。2006年，欧盟委员会力邀我参加了一个名为“联线咖啡屋”（Unicafe）的计划，并由我出任土耳其国别组的指导委员会主任委员。“联线咖啡屋”计划致力于推动女性研究的发展，旨在帮助女性打破性别的“玻璃天花板”，寻求自尊、自立、自强的生存方式。在我们的努力下，伊斯坦布尔科技大学的教师团队率先开展了这方面的工作，随后，在我们的感召下，土耳其其他高校的大学女校长和相关研究者也开始参与该计划。因为土耳其国别组高效、严谨的工作，“联线咖啡屋”计划最终的验收大会就定在了伊斯坦布尔举行。

此后，我欣闻在中国传媒大学名誉校长刘继南教授领导下，作为全球化的女性研究高端学术平台——首届世界大学女校长论坛成功举办。我在地球另一端也备感欣慰，因为全世界高等学府的女性领导者都在关注和从事着这方面的研究。我深感欧洲的女性研究还是较为分散的单兵作战，迫切需要一个统一的跨国界、集约化、互通性的平台来实现更高层次和更高效率的合作，以及在此基础上的研究。况且，欧洲作为女性研究较为领先的地区，也需要一个组织来参与全球范围内类似的学术交流和国际合作。于是，一个全新的概念在我脑中形成，就是依托“联线咖啡屋”所积累的资源，建立与此并行不悖的一个全新的平台，来完成欧洲大学女校长的联合。

在进行了相关调研和筹备后，我向欧洲的有关部门征询指导意见：“如果我们完全自筹经费，建立欧洲大学女校长大会，有什么障碍吗？”该方面的主管部门迅即表示：“这个想法太棒了，这在欧洲真是史无前例！我们愿意为您的这一想法提供支持！”

在2008年，我们利用土耳其作为“联线咖啡屋”东道国的机会，向欧洲的大学女校长们发出了邀请，20余位来自不同国家、不同领域的大学女校长汇聚一堂，共襄盛举，举办了第一届欧洲大学女校长大会，开创了欧洲大学女校长全面联合、全面协作的先河。在这届大会上，经过与会大学女校长的一致推举，我有幸成为了欧洲大学女校长大会的主持人，开始领导这一国际组织。

在2009年，我得到了世界大学女校长论坛主席、中国传媒大学名誉校长刘继南教授的盛情邀请，首次赴南京参加了当年的世界大学女校长论坛年会，并与中国方面和其他国家的同仁建立了更为紧密的联系，逐渐形成了“大学女校长”这一群体的大联盟。

实际上，2014年还将分别召开欧洲和世界的大学女校长论坛年会。我们拟先举办欧洲大学女校长论坛大会，之后再在中国召开世界大学女校长论坛大会。而其中我们很可能将作为主要组别，也就是欧洲组出席。当然这个问题还需要与很多大学女校长沟通，包括刘继南教授。

我们还组建了非洲组。非洲组的建成，刘继南教授也贡献了非常宝贵的力量。

我们达成了很多共识。我们希望通过共同努力，使女性在大学领导者中占有一席之地，巩固她们的地位，不是通过男性当权者为她们分配名额，而是通过提高她们的能力来达成她们的理想。也就是为她们指引方向，鼓励她们，提高她们处理事务的能力。我们就是这样为了她们得到应该得到的地位而努力鼓励她们，维持男女的公平和均衡发展。这样的组织和活动也有益于国家形象和影响的宣传。

徐：我也很荣幸，作为陪同人员参加了由您主持的第二届欧洲大学女校长论坛大会。在此次会议上，我注意到有很多出色的女性高校领导人。据我所知，在中国，高校的女校长并不多。在土耳其，女校长的人数比例高吗？众所周知，穆斯林国家是以男权为基础的。尽管如此，女性校长可以达到如此数量的原因又是什么呢？您可否谈一下您的见解？

居：与中国相比，在土耳其，女校长的人数似乎要更多一些。但我们普遍认为，土耳其女校长的人数相对于欧美还是太少，尤其是相对于美国和北欧国家。现在土耳其的166名大学校长中有11名女性，这个比例连十分之一都不到。虽然女校长的人数并不多，但就女教授的人数而言，土耳其是以29%的比例领先于国际的。正如我所说，在土耳其倘若有29%的女教授，相对的，就应当有更多的女校长。然而在土耳其这个数字不是29%，也许是7%-8%。这个数字起码要增加一倍才行。11月底，所有土耳其女校长还要聚在一起开一个会，那时我们会讨论在土耳其我们还能做些什么。这样看来，我们还有很长的路要走。但是，土耳其的女教授、女副教授的数量还是在国际领先的，对此，我们感到很骄傲。

徐：您认为，欧洲女校长的数量要更多一些吗？欧洲女校长在面对困难、压力的时候，相对于亚洲女校长更容易度过吗？

居：欧洲国家女校长比例相比于土耳其更低。意大利只有1-2名女校长。同样，在西班牙、英国、荷兰及其他欧洲国家的情况也不尽如人意。但也并非所有欧洲国家情况如此。在北部一些国家，如瑞典这样走在前面的发达国家，其女教授的人数比例为20%，而其女校长比例为40%-50%。

东方国家也有这样的情况。西方和东方的女校长都很少，但其原因各异。西方女性生活很舒适，因此她们并没有走向领导位置的意愿。一些女性并不想投身于科学研究工作中，因为她们的生活水平很高。而若问我这种情况在东方国家产生的原因，我认为是社会压力。这也许是由宗教或传统产生的。由于社会压力，女性很少有迈入这一领域的自由选择权。结果一样，但原因不同。正因如此，我们需要做的工作还有许多。无论是中国、东方国家还是在我们各自的国家，承受住社会带来的压力并创造新的历史，是十分必要的。

徐：您不介意的话，能和我们谈谈您的家庭吗？您的父母以前做什么工作？他们现在做什么？

居：我是我们家庭中唯一的公职人员。我的家人都从事商业。我父亲以前主要做生意，我妈妈则是家庭主妇。我的两个哥哥现在也是比较成功的工商界人士。我们的爷爷给我们留下了这样一句教导："不要和政府有什么牵扯，政府的水井里的水也别喝，否则你还不清。”

因此我们家族一直从事私人产业，从没有赚过政府的钱。我来自一个从不和政府做生意的家族。就像我所说的，我是我们家族唯一的公职人员。用我爷爷的话来说，我就是不听他的劝导，喝了政府水井里的水的人。当然我已经尽力了，哈哈。目前看，还不错，爷爷的担忧在我身上没有应验。毕竟时代不同了。

徐： 是吗？竟然还有这样的一段往事，在中国能与政府打交道可是很大的荣耀。

居： 其实中国和土耳其有很多相似的地方，我们中的很多人也这么想，只不过我的爷爷是个特例。

徐： 这也是您最早选择教师岗位的原因吧？作为一位优秀的教育工作者，您认为自己在解决女性接受教育问题方面有什么成功的经验吗？

居： 我是教育工作者，现在我似乎更是一名工程师，但除了在建筑工程领域工作之外，我还从事了很久的领导工作。因此我对高等教育相关领域以及其他很多的领域都有涉及。我个人觉得，我在高等教育领域更有发言权。而在高等教育之前的教育领域，比如中小学，我还没有涉及。我不希望自己在这个领域随便发言误导你们。但是在女孩子入学这一问题上，也就是在说服各个家庭方面，土耳其有很多国有组织在为之不懈努力。其中的一个代表就是《自由报》报业旗下名为“女孩儿们，快来上学”的活动。

但是，如果我们关注大学生男女比例，我们会发现大概有40%是女学生。我们再看看欧洲大学，这个数字则是50%。当然我们还有需要提高的部分，但是我们现在的情况并不算太糟糕。在研究生和博士生中，女性的比例甚至更高，将近45%。如果保持现在的水平继续发展，这个数字在近几年中还将继续增加。事实上或者说整个世界的问题并不在于此。有的大学中女性的比例可以达到甚至超过50%。但关键是在之后的职场中女性的比例能否仍然维持在这个水平。这不仅对于土耳其，对于整个世界来说都是个难题。因为女性在结婚生子之后开始在家做全职主妇，而在她们最终重返职场后难以再次适应，错过了机会。从这个方面来说问题的确比较棘手，而我们所做的工作就是保证这样的问题能顺利解决。

比如我们正在参与一个名为FESTA的欧盟项目，这个项目的发起者是瑞典的一所大学。我们主要负责调查研究的领域是女性在大学中存在的阻力。换句话说，也就是研究阻止女性担任领导和升职的因素以及减少阻力的方法。这是欧盟一个非常重要的项目。这个项目一共将持续五年，而现在我们刚刚进入第二年。这对我们来说也是很重要的一个项目，我们为此作了非常多的调查研究。这是我们这个团队的第四个项目，第一个项目从2006年开始，一直进行到今天。这六年内我们代表土耳其参与了欧盟的多个重要项目，我们也将继续为之努力。

徐：童年时您的家庭对您最大的帮助是什么？您那时的理想是什么？在您童年和青年时期最难忘的人和事是什么？

居：我的家庭对我最大的支持是让我总怀着乐观的心态，他们从没有打击过我。我是家中最小的孩子。他们总是倾听我的想法，为了我能做得更好而支持我鼓励我。因此可以说我从小时候起就为了成功而不断努力。

我在大学四年级时发生过一件趣事。有个同学过来对我说：

“啊！你得了全年级第一！”但我说：“是吗，我不知道啊。”他又问：“你从来没关注过吗？”我回答道：“真的，我从来没有关注过。”

也就是说，我似乎只关心如何能超越自己，从来不是为了超过身边的其他人而努力。在大学四年级的时候，我对天发誓，真的不知道自己是年级第一。

徐：您的个性中有什么让您觉得特别的地方吗？

居：我极其无法忍受不公正。不是指发生在我自己身上的不公，而是社会普遍存在的那种不公。我尤其无法忍受身边的人遭受到不公正的待遇。在这个问题上我从不妥协，而且从不畏惧指出错误。这或许是受我的家人的影响。因为我的家人都是非常直率、实话实说的人。也因此我身边的人都非常信任我。除了建筑领域外，在管理领域我也提高了自己的能力。成为大学校长从不在我的预想之中，老实说我当时只想成为系主任，从没想过当校长。当时，前任校长推荐了我，推荐通过后，我便开始担任校长一职，也就是说我没有当系主任，直接当了校长。

徐：您现在工作于一所理工科大学，另外就我所知您的研究领域也多集中于建筑工程。一般来说在这一领域男性更多。能否请您和我们分享您选择这一领域的初衷呢？

居：我是特拉布宗人，我在那儿出生并长大。实际上我的家人都非常开明。我的爸爸主要做生意，我的妈妈是家庭主妇。我有两个哥哥，他们都非常成功而且一直非常支持我。我上小学的时候每天一回到家大人们总是会问“今天在学校怎么样？做了些什么？”我则向他们讲述我在学校的生活，而我的家人们就会对我说：“太棒了！”“你比原来有进步了呀！”他们总是这样鼓励我。也就是说，不读书、不进步这样的事儿在我身上是不可能发生的。我的哥哥们都努力读书，而我也紧随其后，跟随着他们的步伐。在读书这个问题上，毫无疑问，我们做得都很好。在我三年级的时候，我第一次接触“职业”这个概念，是在一本生活知识手册里面。在那本生活知识手册里，职业名称是按照开头字母顺序来排序的。在G开头的名词的对面，写着一个词，不是“工程师”就是“建筑师”。那时我才九岁，看到这个词，我当时就知道，工程师不适合我，而建筑师这个职业更适合我，而在我心里，我觉得以后我就会成为一名建筑师。之后，我的长兄准备去科技大学时，我问过他：“我想做一名建筑师，你觉得我在哪个大学读比较好？”他说：“我去的是科技大学，那里工程师专业和建筑师专业都有。但你可以去伊斯坦布尔科技大学读建筑学。”当我小的时候，我就定下了这个目标。我要考到伊斯坦布尔科技大学，做一名建筑师。因为在我小的时候，为了建造土坯房、沙子材质的城堡，建筑师这个职业对我很有吸引力。就这样，我选定好了目标。我从来没有想过在建筑系里有没有男生女生的问题，而且我家里人也从来没有和我说过“这是个男生学的专业，你为什么要去呢”这样的话。就这样，我们都考上了建筑系，成了建筑师。我依然坚信，我选对了专业，做了对的工作，因为我热爱自己所从事的事业。

徐：对于建筑这个领域的求学深造，您认为，作为女性是否有一些困难和挑战存在呢？在中国，有个词叫作“红花绿叶”。“红花”隐喻女性，“绿叶”隐喻男性。意思是：在铺满绿叶的地方，红花则显得格外珍贵。在您所从事的这个行业中，由于女性身份而带来的优势是什么呢？通常来讲，作为一位女性，您认为能成为一名卓越的建筑师吗？

居：我进入建筑系的时候，班里一共45名学生，其中有14位是女生，大概三分之一的女性比例，但在那之前，这样一个人数是不可能的。因此，我们作为女性，在建筑系，丝毫没有感到弱势、羞怯。而且有意思的是，在系里学习成绩前四名的学生都是女生。我是第一名。也就是说，当我1962年进入伊斯坦布尔科技大学建筑系的时候，我是14名女生里面的第一名。这是最重要的第一点。

第二，女生相比较于男生们，也是相当出色的。也就是说，倘若我们以四分为基准分，那么女生的分数比男生的分数还要多0.5分。但在实践部分，对于女性来说，还是有些障碍和困难的。材料商和承包商更青睐于男性建筑师。他们希望在建筑工地上与男建筑师交谈。综上，女性还是可以同男性一起，成为成功的建筑师的。例如，倘若你与一个建筑师结婚组成家庭，两个人一起做建筑工作。女性角色，就如您所讲，相对是个完美主义者，同时，也更敏感且追求美感。这些都是优点。概括来说，女性若想成为一名优秀建筑师，必经一些困难和曲折，因为在我们之中，十分出色的男性建筑师还是有许多的。而我看孩子们的态度是，无论男孩女孩，人们都应该为他们的成功而感到骄傲。

徐：在大学开启您的职业生涯伊始，您遭遇到了哪些困难？能给我们举一些例子吗？您是怎样面对并解决这些问题的？

居：由于我是校长，所以所有记者都会问我这些问题："您是怎样的一个校长？您从未遇到过问题吗？"那时我第一次思考了这样的问题——男性和女性差异所带来的问题。因为之前在这所大学里，我从未遇到过类似的问题。

20世纪60年代，毕业以后我做了一名助教。从那时开始，我注意到在大学的领导层，女性比例还是很高的。但那时很多在学校高层服务的女助理会这样说：当你成为了一个女秘书，就意味着有许多“隐性规定”会束缚你。她们认为自己在担任秘书期间不能结婚也不能生孩子，否则，将很失职。然而这种情况却不会发生在男人身上。在一些男性领导者的意识中，社会的普遍情况应该是男性工作，女性照看孩子，因此对男性就没有过多的要求了。但是作为女性，倘若你想胜任一份好工作，那么到硕士毕业之前，你都不能结婚生子。这个限制条件，我是知道的，但是并没有人对我特意说过此事。没有人告诉我这些“隐性规定”，然而我确实直到硕士毕业也没有生孩子。我在此期间结了婚，但没有生孩子。这只是个巧合。

在职业女性生孩子这方面，我是很幸运的。在土耳其，家庭关系是十分重要的。爷爷奶奶都尽心照看小婴儿。而从另一方面看，在土耳其，保姆的工资水平相对于欧洲国家来讲，更加合理……我具备了这两方面的优势，因此在我职业生涯的初期，还是很顺利的，没有遭遇很多职业女性所面临的困难。

徐：您对金钱或财富有什么看法呢?

居：在我的世界中已经没有金钱的概念了，对于我来说“钱”这种东西不存在。我除了拿教授职位的固定工资之外没有额外地拿过一个库鲁士（库鲁士为土耳其最小货币单位，1里拉=100库鲁士）。但是其实作为校长有拿到三份工资的权利。副校长们也有拿到两份工资的权利。我对即将与我一起共事的副校长们说过这样的话：“我不拿工资，即将和我一起工作的人也一定不可以拿工资，如果你接受这一条件那就来当这个副校长。你不可以在外面做任何兼职，我也不做。”我们使自己从金钱方面得到净化。我们不能只关注学校内的工作，在我们之外的人谁做得好我们就要向他们请教，让他们给我们指引方向。正因如此，我们避免了利益的冲突，既是为我自己也是为和我一起共事的团队。接受这些条件的人留下来和我一起工作，没有接受的人走了。

就是说在这里工作首要的观念是：你们服务于哪里就要把自己奉献给那里。你们要清除掉自己所有的利益。你们有充足的力量的时候，好吧，为了你们自己的利益可以使出这些力量。尽管这非常难，你们也不得不实现它。这就是我们的职责所在！我不是为了浮夸和虚荣来当大学校长的，如果我成了这里的大学校长，那么我必须致力于使这所大学得到更好的发展。我们成立了一个与我的这些想法相符合的优秀团队。这里没有钱，只有事业。“你相信这一点吗？”“我深信不疑。”在这种情况下我们放弃了金钱方面的追求，完全为了我们的事业、为了我们的大学付出了我们的心血。工作最美好的一面就是没有一个人为了钱而工作，每个人都和我一样是为了事业在努力。做这些工作的时候，我们也获得了宝贵的乐趣，我们是用互爱和平和在工作。

在我之后，个别的学校领导拿了那些额外的工资。他们也从顾问和项目合作处那里组建了一个团队，但是团队中的其他人由于没有拿到那些工资而在很短的时间内就放弃团队和工作走掉了，没有长久的。在同甘共苦的时候团队可以运行下去，但是当团队中分配不公平的时候期待成功，当然就是天方夜谭了。

徐：在平日里您都有哪些业余爱好？您喜欢做些什么？您有没有一些与众不同的习惯？您养宠物吗？

居： 我想我没有什么与众不同的爱好。我非常喜欢看书而且大部分的时间里我都想看书。我最重要的喜好之一是旅游。看看各地风光，了解了解不同的人和文化。实际上我的工作在很大程度上也已经成为了一个爱好，就是不断地产生新事物。

我喜欢做梦，然后把它实现。这些梦通常情况下都组成了我长时间构想的项目的骨架。简单来说我是一个把爱好和工作融合在一起的人。没有工作的时候我就非常无聊，我已经无法停下了，可能我是工作狂，哈哈哈。

说到宠物嘛，我们现在没有养宠物。我先生阿赫麦特非常喜欢猫和狗，他想养，但是由于我们住在公寓房里，我觉得养宠物太难了。直到现在为止我们都没养成宠物，由于我阻止了我先生他很伤心。由于我先生和我都是常年出差在外的人，我们也没法养宠物。可怜的老头，哈哈！

徐： 哈哈，阿赫麦特教授肯定让您管得很严，现在您退休了，更可以全力管他了。不是吗？

居： 是啊。他是一个很和蔼的人，相比之下我比他强势很多。这么多年我非常感谢他的支持。我很爱他，当然，他也很爱我。

徐： 您很久之前就辞掉了大学校长的职务。您现在是如何给您日常的生活和工作制订计划的？

居： 是的，我辞掉了大学校长的职务。我现在有一个调查项目。这个项目其中一部分是欧盟的支持，还有一部分是土耳其的支持。我退休了，但是我依然出入于伊斯坦布尔科技大学，这里有我的博士学生们在等待着我。由于我经常出游，还要坚持争取每周都授课，另外还要继续完成大学女校长研究等各种项目，因此退休之后，我并没有感到更轻松。我的生活一直很充实！

虽然我工作日很忙，但是周末的时间通常和家里人一起度过。早晨大约在九点的时候我们一定要喝咖啡然后一起出门，晚上五六点钟的时候再回到家里来。在白天的时间里我先生阿赫麦特忙于他自己的工作，而我也忙于我自己的工作。

徐：您喜欢和反感的家务活分别有哪些呢？此外，土耳其大部分妇女都是全职家庭主妇，您对此有何看法？中国家庭夫妻二人普遍是双职工，这不仅仅是因为男女平等，我觉得也是由于单方面收入过低的缘故。可是在土耳其，许多男性的收入也非常低，但即便还要养育孩子，妇女们也是不工作的。按理来说妇女们也应该去工作。您怎样评价这种现象呢？

居：我很喜欢布置房屋。家中有东西需要更换的时候都是我出马，有时还添置一些新物件啊什么的。由于书房里的书经常更换，我都会将它们归类排好。由于自己本身是建筑设计师的缘故，我很爱搬家，也爱装饰房屋。

我很喜欢烹饪，但多半只有当我们去高原上野餐的时候我才有机会做。

家务活里我特别讨厌的是熨烫。大部分家务活我都喜欢，都做，可我一点儿也不喜欢熨衣服。但谢天谢地，家里帮忙的阿姨每次都帮我做。此外，阿姨还为我们做我教给她的那些很合我们胃口的美味菜肴。

关于家庭主妇，这个问题其实是由多方面因素造成的。首先，儿童一多，便无处安置，国家无法向这些有孩子的家庭提供全天候的儿童看护，女人们除了待在家里照看孩子以外别无选择。而雇保姆看孩子也是不现实的。其次，由于女性的受教育程度普遍偏低，她们能够胜任的工作很有限，而在这有限的工作里还得挑她们丈夫不反对的工作才行，这自然又为女性就业带来了一道限制。比如，男人们会同意自己的妻子去当教师，但是绝不会愿意妻子去某地做清洁工。妇女们由于诸如此类的问题待在家里。这肯定会带来严重问题，但如果仔细观察土耳其社会，我们会发现，正如您所知，这些人都有一个乡下老家。老家向他们源源不断地供给食物，家族是他们背后的靠山。也就是说，家族通过这种方式让这些人的生活能够继续下去。维持生计是没问题的了。然而，男人们常常会由于所负担的压力过大而脾气暴躁，这有时会打破家庭生活的安宁。那些单一经济来源家庭的孩子往往会受到这种不和谐因素的影响。孩子接受不到年幼时须接受的教育，视野不够开阔，从而阻碍了其发展。如果说在这种教育缺失的环境下长大的孩子能够养成一个坚强稳健、有建设性、有创造性的人格的话，这简直可以说是个奇迹了。

徐：您的爱子埃敏对您繁忙的工作有过抱怨吗？

居：我在埃敏读高中的时候经常问他："我上班了就没空陪你，你会不高兴吗？"我儿子却说："不会啊，恰恰相反！当别人问我的时候我都会说我妈妈是大学教授。我对此感到很自豪。"然而，很多年过去了，就在前几年埃敏有一次对我说："我那时候每天放学回家你都还没下班回家，每次我回去都是保姆法特玛奶奶照看我。"也就是说，其实我儿子一直对我工作的繁忙心存芥蒂，但他多年以后才告诉我，我当然也对此感到很伤心。倘若他当时就跟我说的话，我肯定会更加重视他，更加关心他的。他也付出了很多！

如今，我儿子由于工作原因已经在美国待了20年了，如今的他对我的工作表示充分理解。

徐：您认为土耳其妇女最令人眼前一亮的特质是什么？您认为她们的不足又有哪些呢？

居：我认为土耳其妇女是极具自我牺牲精神的一类人群。她们像母鸡保护小鸡一样庇护自己的孩子们，即使与丈夫相处不愉快，但为了孩子的童年记忆，再大的困难也会竭力忍受，她们是充满着自我牺牲精神的母亲。土耳其妇女比别人更有耐心，更容易感到满足，读过书的和没读过书的都是如此。

至于不足之处，我认为，人可以在家里待着，但人在家里待着的时候也是可以生产出一些东西的。而土耳其大部分家庭主妇所缺失的正是一种创造力、生产力和自我提升的觉悟。她们生活的全部就是结婚、相夫教子、做家务，仅此而已。她们做不了她们自己，她们的身份永远是孩子们的母亲、丈夫的妻子，因此她们无法给自己设定一个独有的角色。

徐：土耳其妇女普遍会遇到哪种类型的困难和问题？她们所遇到的问题更多的是在工作生活中还是在家庭生活中？要不然就是在政治意义上遇到的问题更多？

居：这个要分地区。举个例子，苏联解体后，一些东欧国家的人开始大量涌入土耳其，尤其是女性。比如在黑海地区，很多男性便抛弃自己的妻子去和到土耳其来的俄罗斯或乌克兰女子结婚。这对黑海地区造成了长达10–15年的问题，并给许多家庭带来了深重的伤害。

有些人是被经济问题所折磨，有些人则是被家庭关系破裂所造成的问题所困。而在土耳其东南部，如您所知，存在着陈规旧俗的问题。这些陈规旧俗所设定的处罚有时可能过于严厉，于是，有时候仅仅犯了点小错的女人，由于惧怕严厉的处罚而可能选择自杀。我认为这些都与发展水平有关。我认为一般来说，马尔马拉海地区、爱琴海地区和色雷斯地区的家庭生活更加平和。

以前政治党派从不实施针对女性的政策，而现在政治党派们十分重视女性，出台了以女性融入家庭为目的的政策。从前在政坛不能看到女性的身影，然而尤其是近二十年，女性开始担任重要职务。正如您所说的，女性在政治意义上获得了比之前更多的支持。

徐：您能与我们分享一下您对欧洲大学女校长论坛未来的发展计划和期望吗？

居：我们为了能长期开展这个项目做了很多工作，以后还会更多。现在由我来协调这个平台，但是一个体系不能只靠个人或者单个机构。为了能使这个项目持续进行，我们必须着重做好组织工作。

徐：我非常钦佩您在这一事业上所作出的努力和牺牲，我知道对外您是非常有能力和魄力的领导者，对内您又是非常亲切和慷慨的慈善家。我知道您非常热爱您的家乡，这些年您为家乡作了很多贡献，可否谈一谈？

居：我从未脱离我的故乡。我家的度假屋并不在博德鲁姆（土耳其爱琴海沿岸著名度假胜地），而在我的故乡特拉布宗。除此之外，我成了住宅附近的特拉布宗高中的课外辅导员。我致力于为来自特拉布宗的孩子们解决在伊斯坦布尔遭遇的各种问题，比如学校、宿舍、奖学金等等。我和我的丈夫也为他们提供奖学金，帮助他们。

除此之外，在特拉布宗的一个项目需要帮助的时候，我分文未取，很乐意并尽力去帮忙。

在特拉布宗，我和三个朋友共同创办和建造了一家五星级酒店，目前它是特拉布宗最好的酒店，这直接和间接为特拉布宗创造了1000多个就业机会。

徐：对于中国和土耳其之间的关系，您有什么想法呢？您是如何看待中国近些年的发展的呢？

居：我认为，从世界未来的角度看不论是中国还是中国人，都是很重要的，未来中国都会长期持久地为世界作出更多贡献。在适当的政治环境下，世界平衡将重新构建，中国制造凭借已取得的优势将更容易在全球流通，高品质的产品依托价格优势将为全世界人民提供方便。对土耳其来说，中国尽管遥远，但已经是极为重要的一个国家了，土耳其有必要同中国发展重要的和紧密的两国关系。我知道，中国人是充满希望的、具有创造性的和高生产力的民族。

至今为止，我发现土中两国联系仍是远远不够的。因此这项艰巨的任务不仅仅落在大学，还落在大学校长身上。在开展交流活动、增进两国人民的互相了解等等方面加强土中两国联系，可以使两国获益。对于中国来说，土耳其就是一扇向欧洲敞开的大门。中国通过这种方式可以更容易向欧洲靠近，土耳其也获益于中国的长足进步，在建立合作的同时，土耳其也会学习中国改进各方面的机制，我认为这也可以为土耳其作出很大贡献。土中两国团结合作，可以极大程度上促进亚洲经济。但是由于绝大部分自然资源位于中东地区，这地区至今不能获得安宁，因为在阿拉伯世界，喊出“西方人止步”的抗议和暴动还将继续。这是世界不稳定的一个重要因素。我相信土中两国可以成为稳定这一地区的关键性力量，这是美国人所不具备的。

徐：您对中国的评价真是让我欣喜，我一定会把您的声音带到中国。可否再谈一谈您对2013年6月受世界大学女校长论坛主席刘继南教授之邀访问中国的感受？

居：在访问的各个阶段，我们十分荣幸地得到了来自刘继南主席，中国传媒大学苏志武校长、刘利群副书记、袁军副校长，中国教育电视台吕学武副台长无微不至的接待和关心，这让我们深深感受到了中国朋友对我们的情谊。整个中国之行，您和您的夫人王菊娟一直不辞辛劳地陪同我和阿赫麦特，使我们的整个旅程顺利愉快，为此我们不知如何对你们二位表达感谢之情。在访问的首站北京，您安排您的土耳其朋友哈康·萨卡来照顾我们，他十分体贴。还有周丽娜老师一直帮助我们完善访问计划，让我们出色地完成了中国之行。中国各省和各市接待我们的朋友都很热情周到。阿赫麦特和我十分感谢你们，也期望能在土耳其尽地主之谊。我们还要向我们最亲爱的刘继南校长再次表达诚挚的谢意，她向我们提供了这次中国之行的宝贵机会，而此次访问的美好记忆对我们来说是无价之宝。我的中国朋友，谢谢你们！

徐：非常感谢您对中国之行有这么高的评价，我一定转达。我希望中土两国能够携手成为发展中国家的典范。与您谈话真是令人愉快，我获益匪浅。谢谢！

居：徐滋老师，我的孩子！您过誉了！我的大门永远向所有的中国朋友敞开。希望土中交流更为广阔和深入，土中友谊万古长青！

居尔松·萨拉莫教授简历

居尔松·萨拉莫女士在伊斯坦布尔科技大学建筑系任职教授。1973年，获得伊斯坦布尔科技大学博士学位，并于同年开始在该校教授建筑设计、数字设计和设计逻辑模型课程。1975–1976年进入剑桥大学马丁中心，在建筑系攻读博士学位，并于1987–1989年期间在该中心进行短期进修。1996–2004年间担任伊斯坦布尔科

居尔松·萨拉莫

技大学校长，同时她也是伊斯坦布尔科技大学科技创业中心及前沿研究与创新中心的成员。

居尔松·萨拉莫女士是土耳其伊斯坦布尔建筑师商会的一名注册建筑师。她曾于1990–1996年期间担任土耳其科学技术研究理事会科学委员会委员。1993–1996年期间受贝尔法斯特女王大学邀请做访问学者，并在1999–2003年期间在该大学担任校外监察员。同时她还在国际开放空间杂志、国际住宅建筑科学及其应用杂志和伊斯坦布尔建筑设计杂志编辑委员会中担任职务。除此之外，她还在众多奖项的评委团任职，如2005年为由联合国教科文组织和戴姆勒—克莱斯勒公司联合举办的著名的Mondialogo工程大赛担任评委。

居尔松·萨拉莫女士在2005–2009年期间曾是欧洲大学协会的成员之一，并且是欧洲大学协会机构评价项目筹备委员会的成员。另外，自2003年起，担任国际大学校长协会执行委员会成员，在2005–2010年间担任该协会的欧洲首席顾问。她也是地中海公立大学的副校长。同时自2005年欧洲大学协会成立之始便担任政策调查研究组成员。

在2006–2008、2008–2010、2010–2012年间，居尔松·萨拉莫女士被邀请至玛丽·居里人力计划顾问组连任三期顾问。同时也被邀请至大学科研项目拨款专家研究组，该组织于2007–2008年期间由欧盟委员会成立。

居尔松·萨拉莫女士的研究领域集中在数字设计、设计逻辑模型。她在伊斯坦布尔科技大学开创了本科计算机辅助建筑设计课程，同时也指导了11位博士生毕业论文及25位硕士生毕业论文。

与此同时，在以下领域她带头实施了诸多研究项目：计算机辅助建筑设计，建筑设计理论，室内设计与计算机应用，经济适用房设计，城市农村人口住宅，违章建筑，室内设计比较学，室内空间结构，计算机辅助室内设计，高等教育管理研究，科技与工程女性学者研究。

居尔松·萨拉莫女士在国际知名科研杂志上发表了超过20篇学术文章，在建筑领域的国际性会议上演讲并出版成书的发言稿超过100篇。由她在伊斯坦布尔科技大学建筑系开创的建筑教育项目在2004–2008年间通过了美国权威建筑认证委员会的认证。卸任之后,她继续从事教学研究并成立了有关建筑学博士教育的研究小组，同时在2011年11月于该大学组织了第一个国际性的工作室。

居尔松·萨拉莫女士设计过诸多重要的建筑项目，并被授予多个土耳其全国或国际性奖项，如：1982年获得鸟岛光明度假村综合体建筑设计大赛一等奖，该比赛由土耳其国家公共工程部主办。2000年获得年度最佳建筑奖。在担任大学校长期间组织了多次校园建筑设计大奖赛。自1967年起成为土耳其建筑师商会成员。

在1999年地震之后，居尔松·萨拉莫女士成立了工作组专门设计震后重建房屋。同时她为众多土耳其国内知名建筑设计大赛担任评委。1996年她在土耳其成立了建筑教育协会并担任会长，此协会致力于组织学生建筑设计大奖赛并为在建筑学教学及研究领域作出出色学术贡献的学者颁发奖项。

自1992年始，居尔松·萨拉莫女士专注于高等教育和研究，在大学内实行了影响深远的改革，创建了众多科研中心，并且在国际性会议上受邀发表关于高等教育的演讲超过50次。她被邀请参加外部研究基金大学专家工作组，并在近几年作为专家参加了由欧盟发起创立的多个研究项目。

2010年，居尔松·萨拉莫女士在伊斯坦布尔科技大学创立了名为“女性在科学、工程、技术领域的研究”中心，并担任中心主任。她分别于2008年、2010年、2012年在伊斯坦布尔科技大学举办了三次欧洲大学女校长大会，并在第二次大会上创立了欧洲大学女校长论坛并担任主席。

居尔松·萨拉莫女士于2001年被加拿大卡尔顿大学授予荣誉教授称号。除此之外，2002年被罗马尼亚Universitatea de Nord

居尔松·萨拉莫

Din Baia Mare大学，2009年被罗马尼亚Ovidius University of Constantza大学授予荣誉教授称号。美国建筑研究院于2006年授予其荣誉院士称号，在2005–2006年间则被欧洲工程教育协会授予达·芬奇奖。居尔松·萨拉莫女士也是国际关系论坛的创立元老和成员之一，并自2011年起担任欧洲科学艺术文学院院士。

居尔松·萨拉莫教授年表

◈ 1945年6月23日

出生在土耳其黑海沿岸城市特拉布宗，原名居尔松·卡拉库鲁克楚，在此完成了小学和中学教育。

◈ 1962年

考取伊斯坦布尔科技大学建筑设计专业。

◈ 1969年

与同学阿赫麦特·萨拉莫喜结连理，随夫姓改为居尔松·萨拉莫，从此两人相伴一生。婚后育有一子。

◈ 1973年

获得伊斯坦布尔科技大学博士学位，并在同年开始于该校教授建筑设计、数字设计和设计逻辑模型等课程。

◈ 1975-1976年

进入英国剑桥大学马丁中心，在建筑系攻读博士学位，并在1987-1989年期间在该中心进行短期进修。

◈ 1982年

获得由土耳其公共工程部主办的乌岛光明旅游度假村酒店建

筑设计大赛一等奖。

◈ 1990–1996年间

担任土耳其科学技术研究理事会科学委员会委员，并担任建筑研究会委员。

◈ 1993–1996年间

以访问学者的身份，受贝尔法斯特女王大学邀请出访爱尔兰。

◈ 1999–2003年间

担任贝尔法斯特女王大学校外监察员。

◈ 1996年

在土耳其成立了建筑教育协会并担任会长。

◈ 1996–2004年间

担任伊斯坦布尔科技大学校长。

◈ 2000年

获得土耳其年度最佳建筑奖。

◈ 2002年

被罗马尼亚Universitatea de Nord Din Baia Mare大学授予荣誉教授称号。

◈ 2003年

担任国际大学校长协会执行委员会委员。

◈ 2005年

受邀担任由联合国教科文组织和戴姆勒—克莱斯勒公司联合举办的著名的Mondialogo工程大赛评委。

◈ 2005–2006年间

被欧洲工程教育协会授予最高奖——达·芬奇奖。

◇ 2006年

被美国建筑研究院授予荣誉院士称号。

◇ 2009年

被罗马尼亚Ovidius University of Constantza大学授予荣誉教授称号。

◇ 2005–2010年间

担任国际大学校长协会的欧洲首席顾问。

◇ 2006–2008、2008–2010、2010–2012年间

受邀参与玛丽·居里人力计划顾问组，连任三届顾问。

◇ 2008年、2010年、2012年

在伊斯坦布尔科技大学三次牵头组织召开了欧洲大学女校长大会,并在第二次大会上作为首倡者，创立欧洲大学女校长论坛，并担任主席。

◇ 2011年起

担任欧洲科学艺术文学院院士。

◇ 2013年

受世界大学女校长论坛主席刘继南教授之邀访问中国多省市。

参考文献

http://baike.baidu.com/link?url=SJER8fVwprVea2nQBmq6IfvHWDcrXz_YU6BvnkFDuw5PO2j1PyJjdqRJ_TYCVQTq

http://baike.baidu.com/link?url=GfZrwkMV0rqE_SVToCgL-TOEYrIAGJ4Kimrlr6BTCRXXKASThGN_DAF-3T6LNrh4mhZRvl51XMtm2rbSQYjUj_

www.itu.edu.tr

www.cam.ac.uk

http://baike.baidu.com/link?url=U8olh582MAUvsWsOVyc19XS8IRB1WfaOw48fOPyJvjObzDQlGHDpUBssQg_iSSvRYQrioUK0Es5JrQoZ9M4QbtXz--nUwxxkLhMwgDSlu5r5v4D-n2r--kMOilYUv7vJ

www.cuc.edu.cn

www.tsinghua.edu.cn

www.pku.edu.cn

http://baike.baidu.com/link?url=Iu-c-Wvw5UiYE8rz2UIU9G0WgyEy0H1srsnimUWZVgN1duZ97GSgrN3d48ltmkP-i2r-eI7Wam1Fl1Dyh0DNAq

http://baike.baidu.com/link?url=24KOsl8YDDGKxCgfuJmptdUooO-J-i6U_QNC4Hx8-eTNi_CeWXE0bxhQvc-lIKETyOZ0P167Ym-

CqtQYFLrkCa

http://baike.baidu.com/link?url=_2_2nyri2QBivOZpYvo5-MU-WENNSVR22NkNCicfDas8EAIkKGIFwuY-Udr-xMAZ4OjG38RZqAcHdjDIGaEzBp-HBXMFhrdfu9fy1utWcboDrgTEN-PR-jD0TvTxscat

http://baike.baidu.com/link?url=KXHVZFMZzpOIdQlxMIn9Z6vpqAQPsXT0uNXZxDZFLsmricKhzEnzjUyPHrrZ2jp0z-qjMDrlKEPk9zsKJpwvIvNHnjFqJul8jQrQLkeZ5pFmnjLku0mSus_S0W8239BY

http://baike.baidu.com/subview/5760/5294735.htm?fromId=5760&from=rdtself

http://baike.baidu.com/subview/1600/5748918.htm?fromId=1600&from=rdtself

http://baike.baidu.com/view/2560872.htm

www.jsu.edu.cn

http://baike.baidu.com/link?url=0XcT1WLwiaJnw21bTyxFv_GOWzU3PG-4P0lZ3FWhF4VabXIrAXrGWz6q-Y9_E3s_I3voYnSWUupMuEFykp4mkK

图书在版编目(CIP)数据

居尔松·萨拉莫——伊斯坦布尔科技大学校长/徐滋著.—北京:中国传媒大学出版社,2014.9

ISBN 978-7-5657-1005-6

Ⅰ.①居… Ⅱ.①徐… Ⅲ.①萨拉莫-传记 Ⅳ.①K833.745.46

中国版本图书馆 CIP 数据核字(2014)第 109046 号

居尔松·萨拉莫——伊斯坦布尔科技大学校长

著　　者	徐　滋
责任编辑	王　进
责任印制	阳金洲
封扉设计	创意源文化艺术
出 版 人	蔡　翔
出版发行	中国传媒大学出版社
社　　址	北京市朝阳区定福庄东街 1 号　邮编:100024
电　　话	86-10-65450528　65450532　传真:65779405
网　　址	http://www.cucp.com.cn
经　　销	全国新华书店
印　　刷	三河市东方印刷有限公司
开　　本	670mm×970mm　1/16
印　　张	15
字　　数	167 千字
版　　次	2014 年 9 月第 1 版　2014 年 9 月第 1 次印刷
书　　号	ISBN 978-7-5657-1005-6/K·1005　**定　价**　55.00 元

国家出版基金项目　教育部人文社科重大委托项目

探寻世界女子高等教育的发展轨迹　展现大学女校长的治校理念与风采

“世界大学女校长　女子大学”丛书

总顾问　陈至立　　主编　刘继南

丛书涉及 23 个国家的女子高等教育　34 个国家 80 余位大学女校长

吴贻芳——金陵女子大学校长
谢希德——复旦大学校长
常沙娜——中央工艺美术学院院长
庞瑶琳——北京化工学院院长
陈乃芳——北京外国语大学校长
回春茹　张礼玺——中华女子学院院长
山红红——中国石油大学校长
胡大白——黄河科技学院院长
秦　和——吉林华桥外国语学院院长
包德明——台湾铭传大学校长
钟期荣——香港树仁大学校长
成嘉玲——台湾世新大学校长

阿丽扎·申哈——以色列厄梅克学院院长
戴·叶布瑞——澳大利亚麦考瑞大学校长
居尔松·萨拉莫——伊斯坦布尔科技大学校长
杰奎琳·里博格特——美国埃莫森学院校长
克里斯汀——冰岛大学校长
坤仁·苏查达·吉拉南——泰国朱拉隆功大学校长
玛利亚·埃莱娜·纳扎雷——葡萄牙阿威罗大学校长
玛娜娜·萨那泽——格鲁吉亚大学校长
玛维琳娜·秀茨——美国迪拉德大学校长
曼珠·米舍尔——尼泊尔新闻与大众传播学院院长
英格瑞德·莫西斯——澳大利亚新英格兰大学校长
朴东顺——韩国东西大学校长
水田宗子——日本城西大学校长
张蕴礼——夏威夷大学希罗分校校长

朱迪斯·甘丽雅——新西兰梅西大学校长
朱迪斯·伍兹沃斯——加拿大康考迪亚大学校长
朱慧琼——津巴布韦非洲女子大学董事长

澳大利亚大学女校长
大学女书记们
大学女校长们
俄罗斯大学女校长
法国大学女校长
非洲大学女校长
芬兰大学女校长
韩国大学女校长
美国常春藤大学女校长
美国五姐妹女子学院校长
塞尔维亚大学女校长
意大利大学女校长
印度大学女校长
英国大学女校长
中国大学女校长

世界女子大学
美国女子大学
韩国女子大学
日本女子大学
中国女子高等教育

智慧的靓影——世界大学女校长论坛精彩瞬间

传媒人书店（For IOS）　微信关注我们　访问我们的主页

丛书相关资源和中国传媒大学出版社信息　网站下载 http://www.cucp.com.cn

世界大学女校长论坛及丛书信息　网站下载 http://lady.163.com/special/sense/nvxiaozhang.html